어쩌면 동화는
어른을 위한 것

지친 너에게 권하는 동화 속 명언 320가지

어쩌면 동화는 어른을 위한 것

이서희 지음

유독 지친 날, 한 줄기 위로가 되어주는 동화 속 이야기

RITEC CONTENTS

prologue

마음속 깊은 곳, 잠들어 있는 기억을 떠올려보세요.

어린 시절의 당신은 무엇을 하고 있었나요? 친구와 함께 뛰어놀며 게임을 하고, 가족들의 보살핌을 받았을 것입니다. 또 맛있는 간식을 먹고, 책을 읽기도 했겠지요. 행복했던 시간도 슬펐던 시간도, 또 혼란스럽고 아픈 시간도 있었을 것입니다. 그런 시간들이 쌓여 지금의 우리가 되었지만, 충분히 성장한 마음을 가진 완전한 어른이 된다는 것은 아주 어려운 일입니다.

우리의 깊은 마음속에는 아직 어린 아이의 모습이 남아 있습니다. 많은 것을 경험하고 배웠던 어린 아이의 모습은 우리가 어른이 된 이후에도 풍요롭고 바른 삶을 살아가도록 도와주지요. 하지만 우리는 그 아이의 존재를 잊고 지나온 시간이 알려준 소중한 기억을 잃어버린 채 살아가고 있지는 않나요?

동화는 아이들을 위한 책입니다. 살아가는 힘이 되어줄 가치들, 혼란스러운 시간을 이겨낼 위로, 앞으로 나아갈 삶에 대한 응원, 특별한 세상의 모습, 사랑과 온정, 다정함이 가진 힘……. 많은 것을 어린 아이들에게 알려줍니다.

우리 안에는 여전히 어린 아이가 머물고 있습니다. 따라서 동화는 우리 모두를 위한 책이기도 합니다. 동화를 읽으며 어린 시절 배웠던 따뜻한 가치를 되새겨보는 것은, 앞으로 나아갈 원동력이 될 것입니다.

지친 일상 속에서, 막막한 삶의 가운데서, 친절이 무시당하는 부조리한 세상 속에서, 자신을 다독이고 타인을 위해 용기 내는 법을 잊어버린 당신에게 동화는 따뜻한 힘이 되어줄 수 있습니다.

오래도록 읽힌 고전부터 세상에 나온 지 얼마의 시간

이 지나지 않은 이야기까지. 수많은 '당신'과 '우리'를 위한 아름다운 동화 25편을 이곳에 모아보았습니다. 주인공들과 함께하며 그들의 삶에 공감하고 또 안타까워하고, 기뻐하기도 하며 다양한 감정을 맛볼 수 있도록 그들의 여정을 정리하였습니다. 그리고 소중한 것들을 모아 간직한 어린 아이의 보물상자처럼, 작가와 주인공들이 전하고자 했을 메시지가 담긴 아름다운 문장들, '명언'들을 모아 책을 꾸렸습니다.

이 책이 지치고 힘들 때 찾을 수 있는 당신만의 온기가 되기를 바랍니다. 상냥했던 기억과 부드러운 위로를 맛보며 추억을 느끼고 미래를 향한 의지를 다질 수 있도록. 동화 속 이야기와 그 속의 주인공들이 당신을 편안히 감싸줄 수 있기를.

이서희

차례

PART 2 불안한 시간을 위하여...

당신에게 건네는 위로

PART 3 모험과 불확실함 속에서...

긴 여정을 이겨낼 힘

PART 4

특별한 세상을 마주하여...

조금은 다르고, 더욱 소중한 것들

PART 5

소중한 이들을 떠올리며...

사랑과 온기의 힘

PART
1

잃어버린 가치를 찾아...

잊지 말아야 할 소중함

누구나 당연하게 여기는 가치들이 있습니다. 사랑, 희망, 꿈, 우정, 양심과 같이 교과서적인 단어들입니다. 이 가치들은 우리 삶의 곳곳에 숨어 있지만 정신없는 시간 속에서 지나치기 쉽습니다. 바쁘고 무기력한 일상과 익숙함에 속아 잊어버린 소중함. 동화는 우리에게 지나친 가치를 되새기는 시간을 선사합니다. 어린 아이를 위해, 그리고 그 시간을 지나온 어른을 위해 탄생한 이야기들은 삶의 근본을 가장 솔직한 모습으로 드러냅니다. 동화를 통해서 먼지 속에 잠들어 있던 소중함을 일깨우길 바랍니다.

1-1

삶을 채워주는 진실된 우정

: 샬롯의 거미줄
E.B. 화이트

E.B. 화이트의 「샬롯의 거미줄」은 거미 '샬롯'과 돼지 '윌버'의 이야기입니다. 생명이 태동하는 봄날, 한 농장에서 새끼돼지가 태어납니다. 가장 작은 '무녀리'로 태어난 윌버는 농장 소녀의 보살핌으로 형제들과의 경쟁에서 살아남습니다. 하지만 으레 농장의 가축들이 그렇듯, 도축장에 끌려갈 운명이 예견되어 있었습니다.

윌버가 도축장에 끌려가는 대신 아름다운 삶을 살 수 있도록 그의 친구 샬롯이 작가가 되어 윌버를 돕습니다. 더러운 돼지, 작고 약한 새끼돼지라는 흔한 이름 대신 '근사하고', '눈부시며', '겸허하기까지 한' 돼지로 윌버에게 새로운 이름을 붙여줍니다. 그들의 우정은 윌버를 세상에 단 하나뿐인 돼지로 만들었습니다. 그리고, 다른 무엇의 생명을 빼앗아야 살아갈 수 있는 거미 샬롯이 또 다른 생명을 구하도록 이끌었습니다. 누구에게나 삶에 대한 의지, 함께하고자 하는 의지가 있습니다. 이를 실천할 때 우정은 우리의 모습을 더욱 특별하고 아름답게 바꾸어 나갑니다.

001 아무것도 아닌 것은 아무것도 아닌 게 아니야. 그건 무언가 있다는 거야. 아주 조금일지라도 말이야.

002 나한테는 네가 근사한 돼지야. 바로 그게 중요한 거야. 나의 가장 친한 벗이, 나한테는 네가 놀라워.

003 너는 내 친구였어. 그것만으로도 굉장한 일이야.

004 어쩌면 난 널 도와줌으로써 내 삶을 조금이나마 승격시키려고 했던 건지도 모르겠어. 어느 누구의 삶이든 조금씩은 다 그럴 거야.

이것은 우정에 관한 이야기입니다. 뿐만 아니라, 샬롯과 윌버를 비롯한 다양한 생명의 모습을 조망하여 섬세한 자연의 아름다움까지 다루고 있습니다. 자연은 우리에게 말을 걸지 않습니다. 그저 우리가 듣기를 기다릴 뿐입니다.

또한, 자연에는 순환하는 삶과 죽음이 존재합니다. 샬롯은 윌버의 목숨을 구했지만, 거미의 시간은 돼지의 시간보다 짧기에, 그들은 헤어져야만 합니다. 피할 수 없는 이별이 다가오고, 우리의 시간에 죽음이라는 겨울이 찾아오더라도 그것은 하나의 거대한 순환일 뿐입니다. 그 거대함 속에서도 지난봄을 기억하고 다가올 봄을 준비하는 일이 무의미하지 않음을 느끼게 될 것입니다.

005 동물들이 말하는 건 들어 본 적이 없어요. 그렇다고 그것이 모든 걸 설명해 주지는 않아요. 어떤 동물이 나에게 다정하게 말을 걸었을 수도 있고, 내가 주의하지 않아서 그 말을 알아듣지 못했을 수도 있지요.

006 아마 사람들이 말을 덜 하면, 가축들이 말을 할지도 모릅니다.

007 무언가 일어나거나 부화되기를 기다릴 때, 삶은 언제나 풍요롭고 차분한 시간이 된다.

008 낮에는 대체로 행복했고 자신감을 느꼈다. 윌버만큼 진실한 친구들을 가진 돼지는 없었다. 윌버는 우정이 세상에서 가장 뿌듯한 것이라는 걸 깨달았다. 귀뚜라미의 노랫소리도 윌버를 그다지 슬프게 하지 않았다.

009 어떤 거미도 윌버의 마음속에서 샬롯의 자리를 대신하지 못했다. 샬롯은 아주 훌륭했다. 진실한 친구와 훌륭한 작가를 동시에 잘 해내기는 쉬운 일이 아니다. 샬롯은 그 두 가지 모두였다.

진실하고 훌륭한 우정은 이별 후에도 유일무이한 기억으로 남게 됩니다. 비록 지금은 만나지 못하거나 또 다른 관계가 되었더라도, 각자의 삶에 함께할 수 없더라도 그들로 인해 더 나은 존재가 된 당신에게는 그 시간과 감정이 고스란히 남아 있을 것입니다.

거대한 자연과 우주, 그리고 통제할 수 없는 삶의 흐름 속에서 우리는 각자의 삶을 꾸리고 그 자체로 단 하나뿐인 우정을 엮으며 살아갑니다. 존재하는 모든 아름다운 것들 중의 하나인 당신. 그리고 그 곁에 머물며 당신의 삶을 채워주는 누군가. 함께하는 이 모든 것의 가치를 알 때 더 나은 당신이 될 수 있음을 「샬롯의 거미

줄」은 알려주고 있습니다.

010 밤은 길었다. 윌버의 뱃속은 비어 있지만, 머릿속은 가득 차 있었다. 그리고 이럴 때에는 언제나 잠들기가 힘든 법이다.

011 사람들은 박사라면 모든 것을 이해한다고 생각하죠. 하지만 나는 모든 걸 이해하는 것도 아니고, 그 때문에 걱정하고 싶지도 않습니다.

E.B. 화이트

(Elwyn Brooks White, 1899~1985)

미국 뉴욕에서 태어나 작가, 시인, 기자, 칼럼니스트, 잡지 〈뉴요커〉의 편집자로 활동하였다. 수필가로도 유명한데, 읽기 쉬우면서도 시적이고 아름다우며 섬세한 묘사를 구사한다. 특히 사실적인 동물들의 생태와 농장의 풍경은 그가 시골에서 농장 생활했던 경험에서 비롯되었다. 그가 집필한 동화는 「샬롯의 거미줄」, 「스튜어트 리틀」, 「트럼펫 백조」 세 편인데, 「샬롯의 거미줄」로 뉴베리 아너상, 어린이 문학에의 기여를 인정받아 로라 잉걸스 와일더상을 수상하였다.

Q. 소중하게 기억되는 인연이 있나요?

#우정 #인연 #삶 #생명 #자연

Charlotte's Web

By E.B.White

1-2

인생이라는 사막 속 우물

: 어린 왕자
앙투안 드 생텍쥐페리

생텍쥐페리의 「어린 왕자」는 사막에 불시착한 비행기 조종사와 어린 왕자의 이야기입니다. 양을 그려달라는 어린 왕자가 하얀 털과 까만 눈을 가진 양의 모습이 아니라 상자 그림에 기뻐했다는 유명한 일화로 이야기가 시작됩니다.

숫자를 좋아하는 어른들이 이름 붙인 어린 왕자의 별, B-612. 어린 왕자는 그 별의 이야기를 들려줍니다. 어린 왕자가 사는 별에는 커다란 바오밥 나무, 마흔세 번 해가 지는 모습을 마주한 하루, 서툴고 자존심이 강하지만 따뜻한 꽃이 있었습니다. 어느 날 어린 왕자는 자신의 별에서 벗어나 또 다른 소혹성을 여행하기 위한 길을 떠납니다.

어린 왕자는 첫 번째 별에서 별들의 임금을 만납니다. 두 번째 별에서는 허풍쟁이를, 세 번째 별에서는 술꾼을 마주하게 됩니다. 네 번째 별에는 별을 세는 상인이 살고 있었고, 아주 작은 다섯 번째 별에는 가로등 하나와 점등인이 살고 있었습니다. 어린 왕자의 마음에 들었던 다섯 번째 별에는 정작 그가 머물 수 있는 공간이 없었습니다. 아주 작았으니까요. 그는 여섯 번째 별에서 학자를 만나고, 일곱 번째로 지구에 도착하게 됩니다.

012 만약 나를 당신의 명령에 복종하게 하고 싶다면, 이치에 맞는 명령을 내려주세요. 지금 나에게 맞는 명령은 '이 별을 떠나라'는 것이에요.

013 술을 마시는 이유는, 부끄러움을 잊기 위해서야.
내가 부끄러운 이유는, 술을 먹기 때문이야.

014 별들을 '소유'한다고 해서, 그게 당신에게 무슨 도움이 되나요?

015 나에게는 그들보다 이 점등인이 더 나은 사람이야. 적어도 점등인은 그들과는 달리, 남을 위해 일하기 때문이야.

지구의 사하라 사막에 도착한 어린 왕자는 노란 뱀을 만납니다. 사막을 가로질러 높은 산에 올라 보지만 만나는 것은 메아리뿐이고, 겨우 찾아낸 길 끝에는 수천 송이의 꽃이 어린 왕자를 반깁니다. 어린 왕자의 떠나온 고향, 그곳의 꽃이 하나뿐인 존재가 아니라는 사실은 어린 왕자에게 슬픔을 안겨줍니다. 하지만, 사막여우가 어린 왕자에게 '특별한 존재'의 소중함을 일러줍니다. 세상에 단 하나뿐인 나의 존재에 대해서요.

016 사람들 속에서도 외로운 건 마찬가지야.

017 가장 중요한 것은 눈에 보이지 않아.

018 너는 나에게 이 세상에 단 하나뿐인 존재가 되는 거고, 나도 너에게 세상에 하나뿐인 존재가 되는 거야.

019 넌 네가 길들인 것에 영원히 책임이 있어.

020 누군가에게 길들여진다는 것은 눈물을 흘릴 일이 생긴다는 뜻일지도 모른다.

021 네 장미꽃이 소중한 이유는 그 꽃을 위해 네가 애쓴 시간 때문이야.

「어린 왕자」의 이야기는 우리에게 많은 것을 알려줍니다. 잃어버렸던 어린 시절과 향수, 한때 눈에 보였고 곁에 있었지만 이제는 잊어버린 것들, 어린이의 세계를 귀중히 여길 수 있는 마음. 사랑하는 이들을 기억하는 것은 중요하지만 관계에 집착하며 상처받을 이유가 없다는 조언을 건네기도 합니다. 더불어, 어린 왕자의 여정은 우리에게 삶의 이정표를 제시합니다.

희망과 기적은 눈에 보이지 않습니다. 하지만 인생이라는 긴 사막 속 어딘가에는 당신만의 우물이 있기 마련입니다. 어딘가에 존재할 희망, 당신만의 빛. 당신의 별. 그리고 당신이 아껴오며 길들이고 길들여진 모든 것들을 다시 한번 돌아보기를 바랍니다.

022 별들은 아름다워. 보이지 않는 한 송이 꽃 때문에.

023 사막이 아름다운 것은 그것이 어딘가에 우물을 감추고 있기 때문이야.

024 다른 사람을 판단하는 것보다 자신을 판단하는 것이 훨씬 어려운 일이야.

025 어른들은 누구나 처음엔 어린이였다. 그러나 그것을 기억하는 어른은 별로 없다.

026 다른 사람에게는 열어주지 않는 문을 당신에게만 열어주는 사람이 있다면 그 사람은 당신의 진정한 친구이다.

027 세상에서 가장 어려운 일은 사람이 사람의 마음을 얻는 일이야.

028 내가 좋아하는 사람이 나를 좋아해 주는 건 기적이야.

앙투안 드 생텍쥐페리

(Antoine-Marie-Roger de Saint-Exupéry, 1900~1944)

프랑스 리옹의 옛 귀족 집안에서 태어나 행복한 어린 시절을 보냈다. 1920년 공군에 입대하여 조종사 훈련을 받았고, 제대 후 다양한 직업을 가졌다. 이후 1926년부터 초기 우편비행 사업에 참여하였다가 제2차 세계대전이 일어나자 군용기 조종사로 종군, 대전 말기에 정찰비행 중 행방불명되었다.

그의 작품은 어려움과 역경 속에서 삶을 영위해나가는 인간에 대해 이야기한다. 또, 개개의 인간 존재에서 나아가 인간과 인간 사이에 맺어나가는 정신적 유대에서 삶의 의미를 찾고자 하였다. 그의 깊은 성찰은 가장 시적이고 아름다운 그의 세계를 표현한 「어린 왕자」에 여실히 드러난다. 또, 아르헨티나 항공에서 근무한 경험을 토대로 집필한 「야간 비행」은 페미나상을 수상하였다.

Q. 마음 깊숙한 곳에 가꾸어두었던 나만의 우물이 있나요?

#어린시절 #향수 #관계 #단_하나 #기적 #희망

Little Prince

By Antoine de Saint-Exupéry

1-3

반짝이는 행복은 사실 아주 가까이에 있어

: 파랑새

모리스 마테를링크

모리스 마테를링크의 「파랑새」는 희곡으로 쓰인 동화극입니다. 환상적인 세계를 보여주는 몽상극으로 '틸틸'과 '미틸'이라는 남매의 모험을 이야기합니다. 온 세상이 행복으로 들뜨는 크리스마스 이브, 가난한 집안에서 선물도 없는 크리스마스를 보내던 남매는 부러운 눈으로 앞집의 파티를 바라봅니다. 그때, 남매에게 요술쟁이 할머니가 찾아와 아픈 딸을 위해 파랑새가 필요하다며, 파랑새를 찾아달라는 부탁을 합니다.

남매의 모험은 '추억의 나라'에서 시작됩니다. 추억의 나라는 죽은 사람들이 그들을 사랑한 사람들의 추억 속에서 살아가고 있다는 사실을 알려줍니다. 다음으로 찾아간 곳은 '밤의 궁전'입니다. 질병의 방, 전쟁의 방,

침묵의 방……. 많은 어둠을 지나 마침내 꿈의 방에 도달합니다. 남매는 또다시 숲과 묘지, 행복의 궁전, 미래의 나라를 모험하지만 파랑새를 찾지 못합니다.

029 무엇이든 새로운 눈으로 본다는 게 중요해.

030 죽은 사람들도 우리가 추억하는 동안은 세상에 있을 때처럼 행복하게 지낼 수 있다는 걸 말이다.

031 모든 돌은 다 똑같아. 돌은 다 보석이라는 말이지. 그런데 인간들은 그중 몇 가지만 보석이라고 생각한단다.

032 세상이 생긴 이래로 인간의 삶을 괴롭히던 어둠들, 유령, 질병, 전쟁, 쓸모없는 것, 어둠, 공포……

033 '남을 귀찮게 하는 기쁨'
그것은 불행의 동굴에서 도망친 녀석인데, 아무도 가둬 놓을 수가 없어. 어디서든 도망쳐 나오거든. 불행들도 이제는 저 녀석들을 데리고 있으려 하지 않아.

034 인간은 세상에서 이 모든 것들과 홀로 맞서야 한다는 것

을 이제 알았겠지요?

아쉬움을 안고 집으로 돌아온 남매를 달라진 일상의 풍경이 맞이합니다. 가난하여 초라하기만 했던 집은 따뜻했고 부모님은 더욱 근사한 사람들이었습니다. 방 안에서 키우던 멧비둘기는 남매가 찾아 헤맨 푸른 깃털의 파랑새였습니다.

파랑새 이야기는 찾고자 했던 것, 갈망하던 것이 사실은 방 안, 아주 가까운 곳에 있었다는 메시지를 전합니다. 파랑새를 '행복'으로 은유하면서요.

다시 남매를 찾아온 요술쟁이 할머니는 새를 줄 수 있는지 묻고, 남매는 선뜻 파랑새를 건네줍니다.

035 세상에는 사람들이 생각하는 것보다 훨씬 많은 소박한 행복들이 있거든요. 하지만 대부분의 사람들은 그런 행복을 전혀 알아보지 못해요.

036 단지 네가 그걸 보지도 못하고 듣지도 못하는 거지……. 앞으로는 우리에게 좀 더 관심을 기울여주면 좋겠어. 그러면 더 고귀하고 고상한 행복들을 만나게 될 거야.

037 너희 집은 문이랑 창문이 터질 정도로 행복으로 가득 차 있어!

038 우리는 매우 행복하지만 각자 자신의 한계 안에서만 당신을 볼 수 있을 뿐이지요.

「파랑새」는 다양한 행복과 기쁨을 노래합니다. '봄의 행복', '해 질 녘의 행복', '햇빛이 비치는 시간의 행복', '빗방울의 행복', '천진난만한 생각의 행복', '정의의 기쁨', '선하게 사는 기쁨', '생각하는 기쁨', '일을 마쳤을 때의 기쁨', '사랑하는 기쁨' 등…….

우리의 시대는 작은 행복을 느끼기에는 너무나 많은 어려움이 있습니다. 맑은 봄 날씨에 행복을 느껴보고 싶지만, 눈앞의 현실에 계절을 즐길 여유가 없습니다. 오히려 우리를 우울하게 만들지요. 또, 맑은 공기의 행복을 느끼고자 하면 하늘에 미세먼지가 가득합니다.

분별없이 남을 괴롭게 하는 행복, 남의 것을 빼앗아서라도 제 행복을 채우고자 하는 어둠들이 매 순간 우리의 행복을 빼앗기도 합니다. 희망은 덧없게만 느껴지고 어떤 희망은 오히려 우리를 괴롭게 만들지도 모릅니다. 그래서 파랑새를 의미 없는 희망에 비유하기도 합니다.

하지만, 자신을 갉아먹지 않을 만큼이라면 당신은 희망을 가져도 좋습니다. 나쁜 이야기들, 흔한 악의들, 세상이 당연하다는 듯 내어놓는 절망 앞에서 당신이 길을 잃지 않기 위해 희망과 행복을 믿기를 바랍니다. 새로운 것을 바라는 일은 잘못되지 않았으며 의미 없는 일이 아닐 것입니다. 다만, 지금 당신의 곁에 놓인 것을 잊거나 외면하지 않기를, 정당한 당신의 행복을 누리며 살아가기를 바랍니다.

모리스 마테를링크
(Count Maurice Polydore Marie Bernard Maeterlinck, 1862~1949)

벨기에의 프랑스어권 집안에서 태어나 시인, 극작가, 수필가로 활동하였다. 그는 「왕녀 말렌」이라는 작품으로 극작가 활동을 시작하고 「빈자의 보물」이라는 수필집을 발표하였다. 1908년에 스타니슬랍스키가 연출한 동화극 〈파랑새(L'Oiseau bleu)〉 공연은 그가 대중에게 널리 알려지는 계기가 되었고, 이어 1911년 노벨상을 수상해 그의 작품이 전 세계에 알려지게 되었다.

그의 작품은 침묵과 불안, 죽음과 삶의 의미를 주된 주제로 다루며 몽환적이고 신비한 것들을 정적으로 표현하였다.

Q. 오늘 하루, 그냥 지나칠 뻔한 행복들은 무엇이 있었나요?

#행복 #희망 #꿈 #기쁨 #일상 #기억 #추억

1-4

영혼의 유혹, 사랑의 완전함

: 어부와 영혼
오스카 와일드

오스카 와일드의 동화 「어부와 영혼」은 제목 그대로 어부와 그의 영혼에 대한 이야기입니다. 바닷가 마을의 젊은 어부는 어느 날, 그물에 걸린 인어를 발견합니다. 인어는 살려 달라 애원하고 인어에게 반해버린 어부는 살려주는 대신, 자신이 인어를 부를 때마다 찾아와 노래를 불러달라고 부탁합니다. 어부는 매일 인어를 불렀고 인어는 매일 어부에게 찾아와 노래를 불러 주었습니다. 어부는 어느새 인어에게 완전히 빠져버렸고 인어에게 결혼해달라고 청혼합니다. 하지만 인어는 어부에게 영혼이 있어 결혼할 수 없다고 거절합니다.

어부는 영혼을 떠나보낼 방법을 찾기 시작합니다. 신

부, 시장의 상인, 마녀를 차례로 만나며 그들에게 영혼을 버리는 방법을 알려달라고 합니다. 끝내 마녀는 어부에게 영혼을 떠나보내는 법을 알려주게 됩니다. 독사의 가죽으로 만든 칼로 달을 등지고 서서 발밑의 그림자를 잘라내면 영혼을 떠나보낼 수 있다는 것입니다.

어부는 마녀의 말대로 했습니다. 어부에게서 쫓겨난 영혼은 어부에게 마음과 심장을 함께 달라고 요청합니다. 하지만 마음조차 영혼에게 내어주지 않고 어부는 인어를 따라 바닷속으로 뛰어들어 버립니다.

039 영혼은 인간의 가장 고귀한 부분이며, 신이 인간에게 그것을 소중히 사용하라고 내리신 거야. 인간의 영혼만큼 값진 것은 없어.

040 신부님은 영혼이 온 세상의 금화보다도 더 값지다고 하지만, 상인들은 낡은 은화보다도 가치가 없다고 하니.

041 신부님, 어떻게 해야 제 영혼을 제게서 떠나보낼 수 있는지 가르쳐 주십시오. 정말이지 제겐 영혼이 필요 없으니까요. 제게 무슨 가치가 있단 말입니까? 볼 수도 만질 수도, 알 수도 없는데요.

042 사람들이 그림자라고 부르는 것은 사실 몸의 그림자가 아니라 영혼의 몸이란다.

043 네게 마음을 줘버리면 나는 어떻게 사랑을 할 수 있겠어?

1년이 지나고, 또 1년이 지나며, 지혜와 부자가 되는 반지를 줄 테니 돌아가게 해달라는 영혼의 부탁을 어부는 거절합니다. 하지만, 또 1년이 지나고 찾아온 영혼이 맨발의 춤추는 소녀를 보러 가자고 제안하자, 어부는 춤을 출 수 없는 인어 대신 소녀를 만나기 위해 영혼을 다시 받아들입니다. 하루 만에 돌아오면 된다고 생각하면서요.

하지만, 영혼은 그를 소녀가 있는 곳으로 데려가지 않습니다. 어부에게 도둑질을 시키고, 아이를 때리게 하며, 살인을 저지르게 합니다. '마음'을 갖지 못한 영혼은 어부를 떠나 있는 동안 나쁜 일들을 배웠기 때문이었습니다. 어부는 다시 영혼을 떼어내려 했지만, 영혼은 평생 단 한 번만 잘라낼 수 있습니다. 이는 영혼을 버린 사람에게 주어지는 상이자 벌이었습니다.

그 뒤로 어부는 영혼의 온갖 유혹을 사랑의 힘으로 이겨내며 인어를 찾으러 돌아갑니다. 하지만, 아무리 오랫동안 불러도 인어는 돌아오지 않습니다. 영혼은 다시금 어부의 마음에 들어가기를 바랐고, 이를 허락하자 바다에는 인어의 시체가 떠오릅니다. 어부는 무엇도 사랑을 이길 수는 없다며 인어를 따라 죽으려 하고, 그의 사랑이 어부의 마음을 찢어버리자 영혼은 어부의 마음으로 돌아갈 수 있게 됩니다. 다시 영혼과 하나가 된 어부는 곧 바닷속으로 사라지며 동화는 끝이 납니다.

044 이 거울은 지혜의 거울입니다. 이것은 하늘과 땅의 모든 것을 비춥니다. 이 거울을 들여다보는 사람의 얼굴만 제외하고 말입니다. 자신의 얼굴을 보지 못하도록 하여 그 사람을 현명해지게 합니다.

045 못 버릴 고통이 없고 못 누릴 기쁨도 없으니까요.

046 영혼이 달콤한 말로 세상의 기쁨으로 유혹해도 세상의 슬픔에 대해 속삭여도 어부는 흔들리지 않았다. 사랑의 힘은 그만큼 단단했다.

047 매일 아침이면 어부는 인어를 불렀고, 매일 정오가 되면 다시 그녀를 불렀으며, 밤이 오면 또다시 그녀의 이름을

불렀다.

048 사랑은 지혜보다 낫고, 부귀영화보다 소중하고, 인간이 낳은 딸들의 발보다도 아름답다. 불로도 사랑을 태워버릴 수 없고 물로도 사랑을 꺼버릴 수 없다. 새벽마다 그대를 불렀건만 그대는 아무런 대답이 없었네.

049 아무리 악하고 아무리 선한 것을 보아도 사랑보다 더 강하지는 않았으니.

050 사랑의 완전함이 어부의 마음을 찢어버리자 영혼은 마음 안으로 들어갈 곳을 찾았고 예전처럼 어부와 하나가 되었다.

오스카 와일드는 이 이야기에서 여러 가지 가치를 보여줍니다. 영혼으로 대표되는 인간의 본질, 지혜, 재물, 의지, 마음, 그리고 사랑을 이야기합니다.

오직 인간인 어부만이 가질 수 있는 영혼, 어부가 거들떠보지도 않았던 지혜 또는 재물, 사랑과 양심을 지키기 위해 필요한 마음. 이 중 어부에게 가장 중요한 가치는 무엇이었을까요?

어부가 바다의 인어와 사랑에 빠진 이상 이 이야기는 행복한 결말을 맞이할 수 없습니다. 사랑과 영혼 중 한 가지는 반드시 포기해야 하기 때문입니다.

우리의 사랑도 비슷합니다. 사랑은 언제나 예상치 못할 때 다가와 예정에 없던 사랑을 쏟게 합니다. 그 순간, 우리는 무엇을 가장 우선시하게 될까요? 무엇을 자신의 기반으로 삼아야 할까요?

여기에는 잘못된 가치도, 무조건 옳은 가치도 없습니다. 그저 당신의 선택에 따라 만들어지는 미래가 있을 뿐입니다. 그러니 자신이 무엇을 선택하고 무엇을 가장 소중히 여기는지에 대해 온전히 스스로 판단할 수 있기를 바랍니다. 후회하고 무너지고 또 잃어버리며 사랑하는 것이 인간의 마음이니까요.

오스카 와일드

(Oscar Wilde, 1854~1900)

아일랜드 더블린에서 출생한 극작가, 소설가, 시인이다. '예술을 위한 예술'을 표어로 내세운 유미주의 작가로 유명하다. 빅토리아 시대 말 영국의 엄숙함을 조롱하고 뛰어난 재능과 화려한 행동으로 세상의 주목을 받았다. 문자나 활자보다 목소리를 선호하는 아일랜드의 전통을 따라 구술가로 미국 순회 강연을 다니기도 하였다.

1888년에 동화집 「행복한 왕자」를 출판하고, 다음 해에는 그의 유일한 장편소설인 「도리언 그레이의 초상」을 잡지에 발표하였다.

그의 소설은 발표되자마자 수많은 언론과 비평가에게 혹평을 받았다. 하지만, 그는 늘 자신의 미적 세계를 통해 정체성을 찾고자 하였다.

Q. 스스로에게 중요한 가치의 우선순위를 매겨 보세요.

#사랑 #마음 #양심 #지혜 #경제적가치 #선택 #영혼

The fisherman and his soul

By Oscar Wilde

1-5

소중함을 일깨워준 크리스마스의 유령

: 크리스마스 캐럴
찰스 디킨스

「크리스마스 캐럴」은 '메리 크리스마스'라는 인사를 대중적으로 만드는 데 기여한 작품입니다. 이타적인 면모는 찾아볼 수 없는 깐깐하고 심술 맞은 구두쇠 스크루지가 이야기의 주인공이지요.

그는 크리스마스를 즐길 줄 모르는 사람이었습니다. 조카와의 저녁 식사를 거절하고 자신을 위해 일하는 서기에게도 매몰차게 대합니다. 또, 자선단체가 요청한 모금을 무시하기도 합니다. 그리고 그날 밤, 7년 전 죽은 동업자 말리의 유령을 만나게 됩니다. 말리의 유령은 스크루지에게 앞으로 세 유령이 그를 찾아올 것이라고 예고합니다. 그리고 말리의 말대로 찾아온 세 유령이 그의 과거, 현재, 미래를 보여주며 이야기가 이어집니다.

과거의 유령은 그의 어린 시절을 보여줍니다. 꿈을 품고 있지만 괴로웠던 소년 시절, 그리고 그가 돈만 밝히는 사람이 되기까지 겪어온 청년 시절, 돈과 연인 중 하나를 선택했던 순간들을 마주하게 되죠.

다음으로 찾아온 두 번째 유령이 보여준 것은 스크루지의 현재입니다. 그가 거절했던 조카와의 저녁 식사, 그가 매몰차게 대했던 그의 서기가 가족들과 소박하지만 행복한 크리스마스를 보내는 모습, 이 풍경들이 스크루지의 마음을 흔들기 시작합니다.

마지막으로 찾아온 유령은 스크루지의 미래, 그의 죽음을 보여줍니다. 누구도 그의 죽음을 슬퍼하지 않았습니다. 차디찬 적막이 감도는 그의 무덤에는 다음과 같은 묘비명이 쓰여 있을 뿐이었습니다.

"한평생 자기만을 생각하며 살아온
구두쇠 스크루지 여기에 잠들다."

스크루지는 지금까지 살아온 인생을 깊이 후회하게 됩니다. 인생의 결말을 바꿀 기회를 간절히 바랍니다. 잘못을 뉘우친 순간이 늦지 않기를 유령에게 애원하기 시작합니다. 그리고 그는 꿈에서 깨어납니다. 말리의 유령부터 시작하여 그의 죽음까지, 모든 것이 꿈이었습니다. 12월 25일 아침, 크리스마스의 아침이 밝은 것입니다.

051 세상에는 덕을 보지 않아도 행복을 느끼게 해 주는 것이 많아요. 크리스마스가 특히 그렇죠.

052 질병과 슬픔도 전염이 되지만 웃음과 기쁨만큼 강한 전염성도 없으니, 이는 얼마나 공평하고 공명정대하며 숭고한가.

053 남자아이의 이름은 무지이고, 여자아이의 이름은 빈곤이다. 이 두 아이뿐만 아니라 아이들과 비슷한 다른 것들도 조심해야 한다. 그중에서도 특히 남자아이를 조심해야 해. 이마에 '파멸'이라 쓰여 있는 게 보일 것이다. 그 글자가 지워지지 않는 한 조심해야 한다. 무지를 허용하지 마.

054 인생의 여정은 끈기 있게 꾸준히 나아간다면 필연적으로 이어지게 되는 목적지를 미리 예견할 수 있는 것입니다. 그러나 그 여정의 길에서 벗어난다면, 목적지도 달라질 것입니다.

055 하지만 무엇보다 행복한 사실이 하나 있다면, 아직 자신의 인생을 바로잡을 시간이 남아 있다는 것이다.

하루아침에 스크루지는 다른 사람이 됩니다. 서기의 집에 익명으로 선물을 보내고 그의 월급을 올려주는 데서 시작합니다. 새사람이 될 것을 마음먹은 그는 한 번도 나가본 적 없던 산책을 나갑니다. 불우이웃을 돕는 성금을 내는 그의 모습을 비웃는 사람들조차 여유로운 눈으로 바라볼 수 있게 됩니다.

스크루지의 변화들은 알면서도 행동하기는 어려운 일입니다. 하지만, 그는 어려운 일을 행동으로 옮기면서 스스로 인생의 결말을 바꿀 기회를 잡았습니다.

056 자, 갑시다! 밤이 얼마 안 남았고 나에게는 소중한 시간이라는 것을 알고 있습니다.

057 스크루지는 이 세상 모든 것이 행복으로 다가올 수 있다는 사실을 깨달았다.

058 가끔은 어린 아이로 돌아가는 것도 좋은 일이고, 크리스마스를 있게 한 그분도 크리스마스에는 아이였으니, 크리

스마스만큼 아이로 돌아가기에 안성맞춤인 때도 없었다.

059 누군가는 스크루지의 달라진 모습을 보고 웃기도 했지만, 그들이 웃든 말든 별로 개의치 않았다. 처음에 사람들의 비웃음을 당할 각오를 하지 않으면, 영원히 아무 일도 일어나지 않는다는 사실을 알 만큼 현명했기 때문이다.

이 동화가 스크루지를 통해 보여주는 교훈은 간단합니다. 베풀고 나누는 삶의 중요성, 함께하는 삶의 기쁨입니다. 하지만, 그뿐만이 아닐 것입니다. 스크루지가 처음부터 고약한 구두쇠였던 것은 아닙니다. 그의 어린 시절부터 그가 살아온 시간 속에서 그는 그렇게 될 수밖에 없었을지도 모릅니다.

우리의 삶에서 중요한 것을 알고도 놓치는 것은 우리의 의지로만 이루어진 일은 아닐 것입니다. 바쁘고 정신없이 내 한 몸 건사하기 벅찬 삶 속에서 주변을 돌아볼 여유를 갖기는 쉽지 않습니다. 하지만, 우리는 긴 삶을 살고 있습니다. 욕심낼 필요 없이 스스로 소중히 여기는 것을 잊지 않기를 바랍니다.

당신이 지키고자 한 가치를 잃지 말고, 당신 주변을 따뜻하게 채워주는 사람들의 소중함을 잊지 마세요. 소중한 모든 것에 소홀한 삶을 살았다는 후회가 들더라도 당신이 스스로를 비난할 이유는 없습니다. 다만, 바꿀 수 있는 기회를 만난다면 그 순간을 놓치지 않기를 바랍니다.

찰스 디킨스
(Charles John Huffam Dickens, 1812~1870)

영국 포츠머스에서 하급 공무원 아버지의 여덟 자녀 중 둘째로 태어났다. 사립학교를 다녔지만 열두 살에 아버지가 빚 때문에 수감된 이후 런던 구두약 공장에서 일하기 시작했다. 빈민층 노동자의 삶을 살면서 가난에서 벗어나고자 노력하였다.
열다섯 살에 법률 사무소 직원으로 일을 시작했고 꾸준히 공부하여 스무 살에 기자가 되었다. 이때부터 그는 작가의 꿈을 키우기 시작하는데, 1836년에 「피크윅 문서」를 발표하면서 유명 작가로 알려졌다.
그의 소설에는 직접 겪은 세상의 모순과 사회 이면의 모습이 생생하게 드러나기도 하며 희극성과 휴머니즘의 성격을 보이기도 한다. 그의 저작으로는 「올리버 트위스트」, 「데이비드 코퍼필드」, 「위대한 유산」 등 14권의 장편 소설과 「크리스마스 캐럴」을 비롯한 다수의 단편 소설, 여러 산문 작품이 있다.

Q. 실천하고 싶었으나 어려웠던 일들을 적어볼까요? 하나씩 행동 해나갈 때 변화가 찾아올 것입니다.

#과거 #현재 #미래 #후회 #변화 #용기

Christmas Carol

By Charles Dickens

PART
2

불안한 시간을 위하여...

당신에게 건네는 위로

우리의 시간은 불안으로 가득 차 있습니다. 혼란스러운 시기를 겨우 이겨내도 자신의 마음조차 스스로 감당하기 어려운 시기를 또다시 마주하게 될 수 있습니다. 그 뒤에는 또 무엇을 만날지 항상 불안 속에서 살아가게 됩니다. 앞에 놓인 것이 노력의 축복인지, 시간의 배신인지 알 길이 없습니다. 그런 우리의 순간들에 때로는 동화가 위로를 건넵니다.
인생의 한 조각을 포착하거나, 한 사람의 인생을 따라가며 우리가 겪게 될 시간을 또 다른 렌즈 속에 투영합니다. 동화 속, 누군가가 불안을 이겨낸 시간들이 당신에게 위로가 되기를 바랍니다.

2-1

아픔을 양분으로 자라난 나무

: 나의 라임 오렌지나무
J.M. 데 바스콘셀로스

「나의 라임 오렌지나무」는 브라질에서 1968년 발표된 소설입니다. 영화화되기도 하고 브라질 초등학교의 교재로 사용되기도 하며, 여러 국가에 번역되어 출간되었습니다. 이야기의 주인공은 '조제'라는 이름의 소년입니다. 널리 알려진 '제제'라는 이름은 조제의 애칭입니다.

제제는 다섯 살에 혼자 글 읽는 법을 익힐 만큼 영특한 아이입니다. 하지만, 실직한 아빠, 공장에서 일하는 엄마, 세 명의 누나와 형, 그리고 동생까지 함께인 가족은 아주 가난했습니다. 어린 소년이 "내 안에 악마가 살고 있다"라는 말을 자주 할 만큼 가혹한 가족들의 냉대와 무신경한 폭력 속에 살고 있었습니다. 집에서 제제의 친구는 '밍기뉴'라는 이름의 라임 오렌지나무뿐이었습니다.

어느 날, 제제는 자신의 나이를 여섯 살로 속이고 학교에 나갑니다. 학교에서의 제제는 선생님을 위해 꽃을 선물해 주기도 하는 착한 아이입니다. 학교 밖에서는 모두가 제제를 못된 아이라고 여겼습니다. 하지만 학교에서는 모두가 제제를 영리한 아이로 여겼습니다.

하루는 장난꾸러기 제제가 자동차에 몰래 매달리며 놀다가 자동차의 주인인 포르투갈 아저씨에게 들켜 크게 혼이 납니다. 사람들 앞에서 망신을 당했다는 생각에 제제는 그를 증오하게 됩니다.

060 인생의 아름다움은 꽃과 같은 화려함이 아니라 강물에 뜬 나뭇잎과 같이 조촐한 것이며 사랑 없는 인생이란 얼마나 비극적인 것인가.

061 난 조숙하기 때문에 금방 철이 들어 이성이라는 걸 갖게 될 거래. 하지만 이상한 일은 난 아무것도 달라진 게 없다는 거야.

062 첫 번째 풍선은 한 번밖에 못 만들어. 첫 번째 풍선을 잘

만들지 못하면 다시 만들 수도 없고, 만들고 싶은 생각도 없어져 버리지.

063 하지만 누나는 그 순간 그 자리에는 더 이상 아이들이 없다는 것을 알았다. 모두가 어른이었다. 그것도 아주 슬픈 어른. 슬픔을 조각조각 맛보아야 하는 어른들뿐이었다.

064 이 병은 결코 비어 있지 않아. 난 이 병을 볼 때마다 세상에서 가장 아름다운 꽃을 볼 거야. 그리고 이렇게 생각하겠지. 나에게 이 꽃을 준 아이는 세상에서 가장 착한 나의 학생이라고.

장난기가 많은 제제는 어느 날 또 장난을 치다 발에 유리가 박혀버리고 맙니다. 치료를 받아야 했지만 혼나는 것이 두려워 가족들에게 다친 사실을 비밀로 합니다. 다친 발을 이끌고 학교에 가는 길에, 제제가 마음을 다해 증오했던 포르투갈 아저씨 '마누엘'이 제제를 병원에 데려가 치료받게 합니다. 이 일을 계기로 둘은 가장 가까운 친구가 되었습니다.

제제는 그를 '뽀르뚜가'라는 애칭으로 부르고 아저씨는 그에게 사랑의 따뜻함을 느끼게 해 주며 의지할 수 있는 어른이 되어줍니다. 하지만, 뽀르뚜가 아저씨는 열차 사고로 세상을 떠나고 말았습니다. 친구와 희망을 잃어버린 제제는 큰 충격과 슬픔으로 인한 병에 걸리고 맙니다. 너무 어린 나이에 맞이한 죽음과 이별 속에서 라임 오렌지나무 '밍기뉴'가 하얀 꽃을 피우고 제제는 작별 인사를 배우게 됩니다.

밍기뉴가 성장을 마친 어른 나무가 되었듯이 제제도 아픈 상처를 겪고 철이 든 어른이 되어 갑니다. 마지막으로, 마흔여덟 살이 된 제제가 뽀르뚜가 아저씨에게 편지를 남기며 이야기는 끝이 납니다.

065 당신이 세상에서 가장 좋은 사람이니까요. 당신이랑 같이 있으면 아무도 저를 괴롭히지 않아요. 그리고 내 가슴 속에 행복의 태양이 빛나는 것 같아요.

066 네, 죽일 거예요. 이미 시작했어요. 벅 존스의 권총으로 쏘아 죽이는 그런 건 아니에요. 제 마음속에서 죽이는 거예요. 사랑하기를 그만두는 거죠. 그러면 그 사람은 언젠가 죽어요.

067 생각은 우리의 눈과 인생의 모든 것에 깃들게 되지.

068 혹시나 나의 라임 오렌지나무가 무슨 일을 당한다고 해도 아주 사라지는 건 아니지 않겠니? 푸른 이파리가 낙엽이 되어 떨어져도 사라지지 않고 이듬해 싹으로 다시 되살아나는 것처럼. 무엇이든 사라지는 것은 없단다.

069 아픔이란 가슴 전체가 모두 아린, 그런 것이었다. 아무에게도 비밀을 말하지 못한 채 모든 것을 가슴속에 간직하고 죽어야 하는, 그런 것이었다. 팔과 머리의 기운을 앗아가고, 베개 위에서 고개를 돌리고 싶은 마음조차 사라지게 하는, 그런 것이었다.

070 왜 아이들은 철이 들어야만 하나요?

071 사랑하는 뽀르뚜가, 저는 너무 일찍 철이 들었던 것 같습니다. 영원히 안녕히!

제제는 너무 어린 나이에 많은 아픔을 겪어야 했습니다. 겨우 마주한 희망은 곁에 오래 머물지 않습니다. 사라질 순간을 짐작조차 할 수 없는 미약한 온기에 기대 살아가는 우리의 모습과 닮은 듯하지요. 우리는 항상 친구를 잃고 버거운 아픔을 마주하며 살아왔습니다. 그 속에서 조금씩 어른이 되어 왔고, 매번 조금씩 어른이 되어가는 중일 것입니다.

왜 우리는 철이 들어야만 할까요. 성장이란 왜 아프게만 이루어지는 것일까요. 갑자기 찾아오는 아픔과 이별은 피할 수도 없고 준비할 수도 없습니다. 그래서 우리는 언제나 불안합니다. 하지만, '조제'라는 제제의 이름은 태양이 되라며, 별들이 그의 주변에서 빛나라는 뜻에서 지은 이름입니다.

당신의 삶에도 태양처럼 따뜻한 빛이 머물기를 바랍니다. 설령 그 빛이 꺼지는 순간에도 자신을 잃지 않기를 바랍니다. 아직 우리 안에 머물고 있을 다섯 살짜리 아이를 달래고 보듬어 주면서요.

J. M. 데 바스콘셀로스

(José Mauro de Vasconcelos, 1920~1984)

브라질 남동부 지방 리우데자네이루의 가난한 집안에서 태어났다. 그는 어린 시절 겪은 가난의 경험을 자신의 작품에 묘사하였다. 대학에서는 의학을 공부하기도 했으나 2학년에 학업을 중단하고 고향으로 돌아갔다. 복싱 강사, 화가의 모델, 바나나 배달꾼, 카페 종업원, 초등학교 교사 등 여러 가지 일을 하면서 책을 읽고 여행을 하였다. 그리고 삶과 체험을 토대로 작품을 썼다. 그래서 그의 작품은 정겹고 온기 어린 눈으로 바라본 불행의 삶이 꾸밈없이 묘사되어 있다.

특히 「나의 라임 오렌지나무」는 가난과 가정폭력으로 불우했던 그의 어린 시절을 자전적으로 담아낸 이야기로 유명하다. 「나의 라임 오렌지나무」의 속편으로 「햇빛사냥」과 「광란자」를 집필하기도 하였다.

Q. 성장하는 과정에서 아팠던 경험을 꺼내 보세요. 그리고 스스로 다독여보는 시간을 가져보세요.

#성장 #온기 #따뜻함 #보호 #어린아이 #친구 #라임오렌지나무

My sweet orange tree

By J.M de Vasconcelos

2-2

그곳은 틀림없이 멋진 곳일 거야!

: 꽃들에게 희망을

트리나 폴러스

「꽃들에게 희망을」은 삶의 희망을 위해 쓰인 동화입니다. 작가의 말처럼, "온갖 어려움을 겪으면서 진정한 자아를 찾아 나선 한 애벌레의 이야기"입니다. 처음 알에서 깨어나 알 껍질과 나뭇잎을 먹으며 살아가던 한 마리 애벌레. 호랑 무늬를 가진 그 애벌레는 문득 삶의 의미를 찾고 싶어 나무에서 내려옵니다.

세상의 온갖 매력적인 것들을 만나지만 만족하지 못했던 호랑 애벌레 앞에 애벌레로 만들어진 거대한 기둥이 나타납니다. 수백, 수천, 어쩌면 그 이상의 애벌레들이 잔뜩 모여 구름에 가려진 꼭대기로 올라가기 위해 발버둥을 치고 있었습니다. 호랑 애벌레는 모두가 바라는 그 곳에, 자신이 바라는 것도 있을 것이라고 생각하고 그들 사이에 참여하게 됩니다. 애벌레들 틈에서 밟히고, 치이고, 또 밟고 올라가야만 하는 생활이 시작됩니다.

높이 올라왔다는 자부심, 그리고 이 끝에 무엇이 있을지 모른다는 두려움. 그 속에서 호랑 애벌레는 노란 애벌레를 만납니다. 둘은 함께 대화를 나누며 이것이 우리의 진정한 소망이 아니라는 사실을 깨닫습니다.

두 애벌레는 그동안의 노력을 뒤로한 채, 함께 기둥 아래로 내려옵니다. 애벌레들은 서로를 사랑하며 행복한 시간을 보냅니다. 하지만, 평화로운 생활에 지루함을 느낀 호랑 애벌레는 다시금 기둥 위로 오르기 시작합니다. 호랑 애벌레가 떠나고 슬픔에 잠겨 있던 노랑 애벌레도 자신이 원하는 일을 찾기 시작합니다.

072 그저 먹고 자라는 것만이 삶의 전부는 아닐 거야. 이런 삶과는 다른 무언가가 있을 게 분명해.

073 나도 방금 도착했어. 아무도 설명해 줄 시간이 없나 봐. 다들 저 꼭대기로 올라가려고 애쓰느라 바쁘거든.

074 하지만 모두 저기에 가려고 서두르는 걸 보면 아주 멋진

곳인가 봐.

075 우리가 어디로 가고 있는지, 다른 애들은 아무도 걱정하지 않는 것 같아. 그러니까 우리가 가는 곳은 틀림없이 멋진 곳일 거야.

076 그때까지만 해도 내가 이런 생활을 얼마나 싫어하는지 몰랐어. 하지만 지금 나를 바라보는 너의 다정한 눈길을 보고, 내가 이 생활을 좋아하지 않는다는 걸 확실히 깨닫게 됐어.

077 그것은 위로 올라가는 일을 포기한다는 의미였습니다. 매우 어려운 결단이었습니다.

078 내가 정말로 원하는 건 도대체 무엇일까? 내가 원하는 건 순간순간 달라지는 것 같아. 틀림없이 그 이상의 것이 있을 거야.

노란 애벌레는 늙은 애벌레를 만납니다. 털투성이 자루 안에 거꾸로 매달린 모습에 놀란 노란 애벌레에게, 늙은 애벌레는 '나비가 되기 위한 과정'을 말해 줍니다.

자신의 가능성을 깨달은 노란 애벌레는 그 곁에서 실을 뽑아 고치를 만들기 시작합니다.

영겁과 같은 시간이 흐른 뒤, 노란 애벌레는 나비가 되었습니다. 노란 나비는 호랑 애벌레를 찾아 벌레들의 기둥으로 날아오릅니다. 호랑 애벌레는 노란 나비의 모습에 경이로움을 느낍니다. 그리고 기둥 끝에는 아무것도 없다는 것, 그리고 자신도 나비가 될 수 있다는 사실을 깨닫습니다.

기둥을 내려오며 호랑 애벌레는 모든 애벌레의 눈 속에서 멋진 나비의 모습들을 봅니다. 그리고 그들에게 우리는 나비가 될 수 있다고 외칩니다. 기둥을 벗어난 호랑 애벌레는 노란 나비를 만납니다. 그를 따라 번데기가 된 호랑 애벌레는 마침내 호랑나비로 다시 태어나게 됩니다.

079 나비는 미래의 네 모습일 수도 있단다. 나비는 아름다운 날개로 날아다니면서, 땅과 하늘을 연결해 주지.

080 날기를 간절히 원해야 해. 하나의 애벌레로 사는 것을 기꺼이 포기할 만큼 간절하게.

081 '겉모습'은 죽은 듯이 보여도, '참모습'은 여전히 살아 있단다. 삶의 모습은 바뀌지만, 목숨이 없어지는 것은 아니야. 나비가 되어 보지도 못하고 죽는 애벌레들과는 다르단다.

082 날개를 가진 멋진 존재로 변할 수 있다는 확신도 없는데, 하나뿐인 목숨을 어떻게 위험에 빠뜨릴 수 있단 말인가?

083 그토록 고생해서 올라온 기둥이 수천 개의 기둥 가운데 하나일 뿐이라니!

084 '꼭대기'에 오르려면 기어오르는 게 아니라 날아야 하는 것이었습니다.

085 호랑 애벌레는 애벌레마다 내부에 나비가 한 마리씩 들어 있을 것이라는 기쁨에 들떠, 그들을 하나씩 찬찬히 바라보았습니다.

애벌레들의 모습은 우리 모두를 닮았습니다. 무엇인지 명확하지 않은 목표를 향해 끊임없이 나아가며 경쟁하는 삶을 살고 있지요. 그렇게라도 하지 않으면 우리는 불안에 잠식당하고 말 것이니까요.

하지만, 그 과정에 우리가 정말 바라는 것이 무엇인지, 내가 어떤 존재가 되기를 바라는지 찬찬히 자신을 돌아보는 시간은 없습니다. 우리 모두에게 존재하는 가능성과 희망을 뒤로하고 불안을 덮기 위해 무작정 나아가고 있습니다. 그럴 수밖에 없는 순간을 살아가고 있으며, 그것이 옳다고 모두가 말합니다.

하지만 가끔씩 우리에게는 용기가 필요한 순간이 있습니다. 불확실함을 감수할 용기, 그리고 때로는 포기할 수 있는 용기, 자신의 욕망을 바라보고 때로는 무언가를 진실로 사랑할 수 있는 용기가 필요합니다. 우리 모두에게는 더 나은 삶을 살고자 하는 의지와 이루고자 하는 꿈이 있을 것입니다.

당신은 무엇을 바라왔나요? 무엇을 포기하였으며, 무엇을 위해 지금의 자리에서 나아가고 있나요? 이 이야기가 당신에게 한 번 더, 자신을 돌아볼 기회가 되기를 바랍니다.

트리나 폴러스

(Trina Paulus, 1931~)

작가이자 조각가, 운동가이다. 국제여성운동단체 '그레일(The Grail)'의 회원으로 공동 농장에서 10년이 넘도록 생활하기도 하였다. 조각품을 판매한 수익이 공동체에 돌아가게 하였으며, '그레일'의 활동에 적극적으로 참여하여 이집트, 프랑스, 포르투갈에서 일하기도 하였다. 콜로라도의 산에서 영구 경작법을 배우기도 하였고, 지금은 뉴저지 주에서 식량과 소망과 황제나비를 키우고 있다고 한다. 이 집은 현지에서 유기농법으로 재배한 식품의 우수성을 알리는 소규모 환경 센터이기도 하다.

그의 저작, 「꽃들에게 희망을」은 1972년 처음 출간된 뒤로 전 세계에서 수백만 부가 팔렸다. 이 책을 집필하는 일이 전 세계에 희망을 전파하는 자신만의 방법이라고 생각하였다.

Q. 나를 불안하게 하는 요소는 무엇인가요? 끝없이 달려가는 상황 속에는 분명한 목표가 있나요?

#꿈 #노력 #희망 #포기 #목표 #가능성 #인내

Hope for the flowers

By Trina Paulus

2-3

치유의 순간이 고개를 내밀 때

: 비밀의 화원
프랜시스 호지슨 버넷

「비밀의 화원」의 주인공은 부유한 영국 부모님과 함께 인도에서 살던 열 살 소녀 '메리'입니다. 하지만 메리는 전염병으로 부모님을 잃고 영국 귀족인 고모부 '크레이븐'의 집에서 살게 됩니다. 무관심한 부모님 대신 하녀들의 보살핌 속에 자라온 메리는 약한 몸과 제멋대로인 성격을 가지고 있었습니다.

하지만, 새로운 환경에서 메리는 하녀 마사, 정원사 벤, 그리고 사람을 무서워하지 않는 유럽울새와 친구가 됩니다. 그들과 함께 지내며 메리는 마음을 회복하기 시작합니다. 하녀 마사가 메리에게 줄넘기를 가르쳐주어 건강까지 서서히 나아집니다.

어느 날, 메리는 붉은가슴울새의 도움으로 방치된 화

원을 발견합니다. 그곳은 메리의 고모가 돌보던 화원이었습니다. 고모가 세상을 떠난 뒤, 메리의 고모부가 그곳을 폐쇄하고 방치했던 것입니다.

메리는 마사의 동생 '딕콘'과 함께 꽃을 심고 잡초를 뽑으며 화원을 가꾸기 시작합니다. 화원은 차차 아름다움을 되찾고, 그와 함께 메리도 점점 밝고 건강한 아이가 됩니다.

비가 오던 어느 날, 메리는 이상한 울음소리를 듣고, 그 소리를 따라갑니다. 그 끝에는 메리의 사촌이자 몸이 아픈 고모부의 아들 '콜린'이 있었습니다. 콜린은 자신의 등이 굽을 것이라는 두려움 속에 스스로 걷지도 못하는 상태였습니다. 이런 콜린과 메리, 그리고 딕콘은 친구가 됩니다. 세 아이들은 갈등을 겪고, 화해를 하며 진정한 의미의 우정을 배웁니다. 메리와 딕콘은 콜린이 건강해질 수 있도록 도와주려 합니다.

086 메리는 자신이 이 멋진 정원 '안에' 들어와 있다는 사실과 담쟁이덩굴 밑에 난 입구를 통해 어느 때고 다시 올 수 있다는 사실만으로도 자신만의 세계를 발견한 기분이 들었다.

087 메리는 굉장한 소리를 내며 몰려와 얼굴을 때리고 가는 바람이 싫었다. 눈에 보이지 않는 거인처럼 자신을 막아서는 바람이 미웠다. 메리는 모르고 있었지만, 히스 들판 위로 거칠게 불어오는 상쾌한 공기를 깊이 마실 때마다 메리의 폐는 그 야윈 몸을 살찌울 무언가로 가득 찼다. 뺨은 발그레하게 물들고 흐릿했던 두 눈에 생기가 돌았다.

088 예쁜 꽃들이 있고, 둥지와 보금자리를 마련하느라 바쁘게 돌아다니는 사랑스러운 동물들도 있잖아요. 그들이 노래를 들려주고 휘파람을 불어주는데, 누군가에게 못되게 굴 일이 뭐가 있겠어요?

089 문이 없다고? 틀림없이 있을 거야.

마침내 메리와 딕콘은 콜린을 비밀의 화원으로 초대합니다. 화원의 아름다움에 반한 콜린은 다른 두 아이의 도움으로 휠체어에서 처음으로 벗어나 두 발로 일어서고 걷게 됩니다. 마법 같은 일이 일어났습니다. 아이들의 손으로 만든 기적이었고 콜린 스스로 자신의 두려움을 이겨낸 순간이었습니다.

콜린도 처음 화원을 발견했던 메리처럼 서서히 건강을 회복합니다. 그리고 고모부는 아이들이 비밀의 화원에 있다는 이야기에 놀라게 됩니다. 그곳은 죽은 아내의 흔적으로, 열쇠까지 숨겨두었던 비밀의 화원이었으니까요.

하지만 아름다운 모습의 화원과 건강한 아이들의 모습에 고모부도 감동하게 됩니다. 그리고 죽은 아내의 눈을 닮은 아들을 바라보지도 못했던 그는 그제야 자신의 아들, 콜린의 손을 잡아줄 수 있게 됩니다.

090 난 이 세상 모든 것에 마법이 있다고 믿어. 다만 우리한테 감각이 부족해서 그 마법을 발견하고 유용하게 쓰지 못하는 거야. 전기나 말이나 증기처럼.

091 매일 정원에 나가면 그곳에는 마법이 있잖아. 그것도 아주 좋은 마법이 있지. 너도 알잖아, 메리. 난 그곳에 진짜 마법이 있다고 확신해. 설령 그게 마법이 아니라고 해도. 우리는 마법이라고 생각하면 돼. 아무튼 그곳에는 뭔가 있긴 하잖아. 이건 확실해. 뭔가 있어.

092 마법은 우리 주변에 있어. 이 화원에도, 그리고 세상 어디에나.

093 마법은 내 안에 있어! 마법이 나를 건강하게 만들어줄 거야!

094 어떻게 바라보느냐에 따라 온 세상은 다 정원이에요.

095 정말 아름다워! 그렇게 아름다운 건 본 적 없었을 거야! 드디어 왔어! 사실은 다른 날에 이미 왔다고 생각했는데, 오고 있는 중이었던 거야. 그리고 지금 도착한 거야! 드디어 왔단 말이야, 봄이 왔어!

096 불쾌하거나 비관적인 생각이 고개를 들 때마다 용기를 북돋는 유쾌한 생각들을 떠올려 나쁜 생각을 몰아낼 줄만 안다면, 그 누구라도 훨씬 놀라운 일을 경험할 수 있다. 좋은 생각과 나쁜 생각은 한 곳에 존재할 수 없는 법이니까.

097 얘야, 네가 장미를 가꾸는 곳에 엉겅퀴가 자랄 수는 없단다.

회색빛 정원에 메리가 애정을 갖는 순간, 치유의 이야기가 시작됩니다. 이야기 속 아이들은 자신의 상처를 외면하지 않고 느리고 서툴게, 곁의 친구에게 손을 내밀며 나아갑니다. 아이들의 성장으로부터 어른들까지 상처를 치유 받고 성장하게 됩니다.

생명력과 따뜻한 영향력, 다정과 친절은 큰 힘을 갖고 있습니다. 아이들은 죽어가던 모든 것에 마법 같은 생명력을 불어넣습니다. 우리의 삶에는 무엇이 생명력이 되고 있을까요? 우리는 어떤 기적을 만들 수 있을까요? 불안한 현실이 언제든 우리를 삼켜버릴 듯하고, 그 거대한 두려움을 이길 수 없을 것처럼 느껴지는 순간들이 있습니다.

너무 아픈 상처에 다시 걸을 수 없을 것 같을 때, 다시 눈을 깜빡이고 두려움을 마주할 수 있을까요? 우리에게는 두려움과 고통이 삼킬 수 없는 강한 생명력이 있습니다. 너무 두렵다면 다음 순간까지 불을 끄고, 고요히 쉬어도 괜찮습니다. 모든 생명에게는 겨울이 있으니까요.

다시 봄이 돌아오는 순간, 당신만의 화원을 찾을 수 있습니다. 언젠가는 당신의 상처를 치유하는 당신만의 마법을 분명히 만날 수 있을 것입니다.

프랜시스 호지슨 버넷

(Frances Hodgson Burnett, 1849~1924)

영국 맨체스터에서 태어난 미국의 소설가로, 프랜시스 일라이자 버넷(Frances Eliza Burnett)이 본명이다. 철물점 주인이었던 아버지의 사망 이후 미국으로 이주하여 작가로 활동하기 시작했다. 여성잡지, 패션잡지에서 시작하여 소설가로 인정받기 시작했으며, 두 아들을 위해 쓴 「소공자」를 발표하며 큰 인기를 얻었다. 그에게는 불우했던 어린 시절의 생활이 상상력의 큰 원동력이 되었다고 한다.

그의 작품에는 「소공자」, 「소공녀」, 「비밀의 화원」 등의 동화 27편, 소설 17편, 희곡 3편이 있다. 그의 동화들은 현실 아이들의 삶과는 동떨어져 있다는 비판을 받기도 했지만, 따뜻한 감성과 아름다운 세계를 풍부하게 보여주고 있다.

Q. 두려운 순간 속에서 나를 치유로 이끄는 것들은 무엇이 있나요?

#친절 #다정 #용기 #직면 #마법 #치유 #회복 #화원

The secret garden

By Frances Hodgson Burnett

2-4

좁은 길을 따라 피어난 행복의 꽃

: 빨간 머리 앤
루시 모드 몽고메리

'빨간 머리 앤'으로 잘 알려진 이 소설의 원제는 「그린 게이블스의 앤(Anne of Green Gables)」입니다. 우리가 기억하는 빨간 머리 소녀 앤의 초록지붕집 생활 외에도 앤의 젊은 시절을 다룬 「에이번리의 앤(Anne of Avonlea)」, 앤의 대학생 시절을 쓴 「레드먼드의 앤(Anne of the Island)」, 고등학교 교장으로 부임한 앤의 모습을 그린 「윈디 윌로우스의 앤(Anne of Windy Poplars)」 등 여러 속편이 있는 긴 시리즈의 소설이지만, 우리에게는 어릴 적 읽었던 짧은 동화와 같은 느낌으로 다가오는 이야기입니다.

마릴라 커스버트, 매슈 커스버트 남매는 농장 일을 도울 남자아이를 입양하고자 합니다. 하지만, 입양을 맡은 스펜서 부인의 실수로 수다쟁이 여자아이 '앤'이 기차역에서 매슈를 기다리고 있었습니다. 어릴 적 부모를 잃고 여러 집을 전전하며 고통스러운 시간을 보냈지만, 순수하고 맑은 앤을 돌려보낼 수 없었던 남매는 고심 끝에 앤을 입양하기로 합니다. 앤은 씩씩한 아이였지만, 많은 상처를 안고 있는 말썽쟁이였습니다. 아이를 길러본 적 없는 커스버트 남매에게 이런 앤을 양육하는 일은 쉽지만은 않았습니다.

098 아름답지 않아요? 비탈에서 몸을 갸우뚱 기울이고 있는, 저 하얀 레이스 같은 나무를 보면 뭐가 떠오르세요?

099 질문을 하지 않으면 세상 일을 어떻게 알겠어요?

100 나중에 알아볼 것들을 생각하는 일도 근사하지 않나요? 살아 있다는 게 기쁘게 느껴지거든요. 세상엔 재미있는 일이 참 많아요. 우리가 모든 걸 다 안다면 사는 재미가 반으로 줄어들 거예요.

101 아침은 언제나 흥미로워요. 하루 동안 어떤 일이 일어날지도 모르고 상상할 거리도 아주 많으니까요.

102 오늘은 비가 오지 않아서 다행이에요. 괴로움을 견디고 기운을 내는 데는 맑은 날이 더 좋잖아요. 슬픈 이야기를 읽으면서 제가 주인공인 것처럼 씩씩하게 고통을 이겨내는 상상을 하는 건 재미있지만, 실제로 그런 일을 겪는 건 별로예요.

그들은 앤을 친딸과 같이 사랑하며 앤에게 '사랑을 배웠다'고 말합니다. 그들의 사랑 속에서, 또 따뜻하고 순박한 에이번리의 이웃과 친구들 속에서 앤은 특유의 강함을 잃지 않고 바르게 성장합니다. 그리고 교원학교인 퀸즈전문학교에 친구 길버트와 나란히 1등으로 합격합니다. 이후에는 1등에게만 수여하는 레드먼드 대학 장학금을 받기도 합니다. 하지만, 대학 진학을 앞두고 매슈가 세상을 떠나고 마릴라의 시력이 급격히 떨어집니다. 결국 앤은 장학금을 포기하고 마릴라의 곁에 남아 마을 교사로 일하게 됩니다.

103 무슨 일이든 기대하는 데 그 즐거움의 반이 있어요. 혹시 일이 잘못되더라도 기대하는 동안의 기쁨은 누구도 빼앗을 수 없어요.

104 낭만을 완전히 버리지는 말아라, 앤. 조금은 낭만적인 게 좋아. 물론 지나치면 안 되지. 하지만 조금은 낭만을 남겨 둬, 조금은 말이야.

105 자란다는 건 그래서 나빠요. 점점 그런 생각이 들어요. 어릴 때 그렇게 바라던 소원도 막상 이루어지면 생각만큼 좋은 것 같지 않거든요.

106 정말 멋진 시간이었어요. 제 평생 잊지 못할 획기적인 사건이라고 생각해요. 하지만 그중에서 가장 좋았던 일은 집으로 돌아오는 것이었어요.

107 또 다른 걱정거리들이 생길 거예요. 항상 골치 아픈 일들은 새롭게 일어나니까요. 한 가지가 해결되면 또 다른 문제가 이어지죠. 나이를 먹으니 생각할 것도, 결정해야 할 일도 많아져요. 뭐가 옳은지 곰곰이 생각하고 결정하느라 늘 바빠요. 어른이 된다는 건 쉬운 일이 아니에요.

108 난 최선을 다했고, '경쟁하는 기쁨'이 무엇인지 알게 됐어. 노력해서 이기는 것만큼, 노력했지만 실패한 일도 값지다고 생각해.

109 이 세상에서 무언가를 얻거나 이루려면 반드시 그만한 대가를 치러야 한다. 야망을 품는 것은 가치 있는 일이지만 합당한 노력과 절제와 불안과 좌절 없이 얻어지지는 않는 법이다.

110 이제 저는 길모퉁이에 이르렀어요. 그 모퉁이에 뭐가 있는지는 모르지만 가장 좋은 것이 있다고 믿을 거예요. 길모퉁이는 매력이 있어요, 모퉁이를 돌면 무엇이 나올까 궁금하거든요.

111 앤은 발 앞에 놓인 길이 아무리 좁더라도 그 길을 따라 잔잔한 행복의 꽃이 피어난다는 걸 알고 있었다. 정직한 일과 훌륭한 포부와 마음 맞는 친구가 있다는 기쁨은 온전히 앤의 것이었다.

「빨간 머리 앤」의 이야기는 이렇게 끝이 납니다. 하지만 「에이번리의 앤」, 「레드먼드의 앤」 등 수많은 속편에서 앤의 인생은 계속 이어지게 됩니다. 교사로 일하면서 신념과 현실 사이에 갈등하기도 하고, 마릴라의 친척 아이들을 돌보기도 합니다. 끝내 대학에 진학하여 영문학 학사를 취득하고, 고등학교 교장으로 부임하여 일하기도 하지요.

힘겨운 어린 시절을 딛고 씩씩하고 곧게 일어난 앤의 앞에는 길고 긴 인생의 아름답기도 하고 험난하기도 한 다채로운 여정이 펼쳐진 것입니다. 긴 시간 속에서 앤은 울고, 웃고, 아파하고, 불안해합니다. 벅찬 행복과 사랑을 느끼기도 하지요. 앤의 인생 속에서 고통과 기쁨, 고뇌와 선택이 함께 하였듯, 우리 인생의 모든 지점에서도 마찬가지일 것입니다.

당신의 이야기는 어디까지 쓰였나요? 어떤 불안과 좌절을 겪고, 어떤 성장을 이루었나요? 엄청난 성장을 이루지 못했어도 괜찮습니다. 겪어온 시간은 하나의 소설처럼 당신이라는 주인공을 이곳까지 이끌었으니까요.

앞으로 쓰이게 될 이야기에도 주인공은 수없이 좌절하고, 때로는 멈춰서고, 또 가끔은 기뻐하고, 사고를 치기도 하며 나아갈 것입니다. 당당하고 멋진 주인공이 되어, 당신의 삶을 마음껏 펼쳐내기를 바랍니다.

⸙ 루시 모드 몽고메리 ⸙

(Lucy Maud Montgomery, 1874~1942)

캐나다의 소설가로 어린 시절 어머니를 잃고 우체국을 운영하던 외조부모 아래 자랐다. 『빨간 머리 앤』의 퀸즈 전문학교의 모델이 되는 샬럿타운의 프린스에드워드아일랜드 대학교, 핼리팩스의 달하우지 대학교를 졸업하고 교사로 생활하였다. 외조부의 별세 이후에는 외조부모의 마을로 돌아가 우체국 일을 도왔다. 이와 함께 신문과 잡지에 글을 투고하여 이름이 알려져 데일리 에코 석간신문의 기자로 일하기도 하였다.

그의 작품에는 『빨간 머리 앤』과 『귀여운 애밀리』를 비롯하여 농촌을 무대로 한 소녀의 인생 이야기가 많다. 그는 프랑스 예술원 최고메달을 수상하였고 캐나다인 여성 중 최초로 왕립예술협회의 회원이 되어 대영제국훈장을 받았다.

Q. 험난한 순간에서도 앤처럼 다시 일어날 수 있도록, 스스로에게 용기를 불어넣는 편지를 써보세요.

#인생 #미래 #과거 #현재 #상상 #꿈 #향수 #이야기

2-5

작은 아이가 선사하는 마음의 위로

: 하이디
요한나 슈피리

「하이디」의 배경은 맑은 스위스 산골입니다. 별빛과 건초 침대, 어린 염소, 노을, 그리고 시원한 공기 속에서 어린 아이 '하이디'가 생활하는 모습을 그립니다. 순수하고 강한 생명력을 지닌 하이디의 이야기를 거대하고 깨끗한 자연에 대한 섬세한 묘사, 따뜻하게 녹아 있는 종교적 색채와 함께 풀어냅니다.

하이디는 일찍 부모님을 잃고 이모와 함께 자랐습니다. 다섯 살 무렵 이모가 일을 하러 떠나면서 알프스의 할아버지와 함께 지내게 됩니다. 하이디는 알프스의 아름다운 풍경과 소리, 동물들, 염소를 돌보는 친구 '페터', 앞을 보지 못하지만 하이디에게 많은 것을 알려준 페터의 할머니, 그리고 하이디를 아끼는 할아버지가 있는 알프스의 생활을 사랑하게 됩니다.

하이디가 조금 더 성장하자 학교와 교회를 보내야 한다는 이유로 하이디의 이모가 하이디를 데려갑니다. 그리곤 몸이 약해 걷지 못하는 소녀 '클라라'의 친구를 구한다는 독일의 한 가정에 맡겨버립니다. 다행히, 클라라와 하이디는 좋은 친구가 됩니다. 또, 클라라의 할머니와 가까운 관계가 되어 독일어와 기독교 신앙을 배웁니다.

하지만, 클라라 집안의 엄격한 가풍과 알프스를 향한 그리움에 하이디는 향수를 앓습니다. 설상가상으로 몽유병까지 걸리게 됩니다. 하이디는 결국 알프스로 돌아가게 됩니다.

112 태양이 산들에게 잘 자라고 인사하는 거란다. 아름다운 황금빛 햇살을 비춰주면서 내일 아침이 돌아올 때까지 잊지 말라고 하는 거야.

113 어서 날이 밝아 다시 산에 올라 태양의 저녁 인사를 보고 싶었다. 그러려면 지금은 잠을 자야 했다. 그날 밤, 하이디는 건초 침대에서 푹 잤다. 산 위로 올라가 여러 봉우리와

만발한 꽃들 사이를 행복하게 뛰어다니는 눈송이의 꿈을 꾸며.

114 가끔 다시는 햇빛을 볼 수 없다는 사실이 떠오르면 전부 다 포기하고 싶어져. 하지만 네가 와서 아름다운 찬송가를 들려주면 내 심장이 다시 기운을 차려. 그러면 안심이 돼.

115 꽃들은 산에서 햇빛을 받는 일이 더 좋은 거야. 햇빛도 들어오지 않는 네 앞치마에 있고 싶지 않았던 거란다.

116 하이디. 너는 지금까지 한 번도 읽기를 배운 적이 없어. 페터의 말을 곧이곧대로 믿었기 때문이야. 페터가 아니라 너 자신을 믿으렴. 그러면 너도 곧 다른 아이들처럼 글을 잘 읽게 될 거야.

그리워하던 알프스, 자신을 아껴주는 할아버지, 친구 페터와 페터의 할머니를 다시 만난 하이디는 서서히 건강을 회복합니다. 글을 모르는 페터에게 독일어를 가르쳐주면서 학교에 적응하기를 도와주기도 합니다. 하이디의 할아버지도 아들을 잃고 마을 사람들에게 환영받지 못했던 과거의 상처를 하이디로 인해 회복하고 마을 사람들에게 마음을 열어갑니다.

어느 날, 하이디를 다시 만나고 싶었던 클라라가 할머니와 함께 하이디를 찾아옵니다. 자연의 힘과 하이디의 따뜻함, 둘의 우정 속에서 클라라도 차차 건강을 회복해갑니다. 마음속의 두려움을 이겨내고 마침내 휠체어에서 일어날 수 있게 됩니다.

117 아이는 건초 침대에 누워 행복에 잠긴 채 아침까지 한 번도 깨지 않고 달게 잤다. 하이디는 산 너머로 해가 내려앉는 모습을 지켜보았고 전나무들 사이로 바람이 휘파람을 불며 지나가는 소리를 들었다. 하이디는 마침내 집으로 돌아왔다.

118 클라라는 건강하고 자유로운 다른 아이들처럼 되면 어떨까 하는 생각이 들었다. 그러면 가만히 앉아 시중을 기다리는 대신 원하는 곳은 어디든 달려가고 다른 사람들을 도와줄 수 있을 것 같았다. 이런 생각을 하자 세상이 더 환하게 빛나는 것 같았고 마음속 행복은 크고 깊어졌다.

119 클라라는 매일 아침 '난 건강해! 걸을 수 있어!'라는 생각을 하면서 깨어났다. 그리고 날마다 조금씩 더 많이 걸었다.

120 그럴 때는 기다리면 돼요. 하느님이 슬픔을 통해서 무언가 좋은 걸 주려고 한다는 생각을 하면서요. 끔찍할 정도로 슬픈 일이 생기면 그 슬픔이 영원히 계속될 것 같고 좋은 일은 하나도 생기지 않을 것 같다는 생각이 들잖아요.

121 이곳은 아픈 몸만이 아니라 아픈 마음까지 달랠 수 있는 멋진 곳이야. 다시 한번 힘내서 살아보는 것도 좋을 것 같아.

하이디의 이야기는 우리에게 무엇을 알려주고 있을까요. 독립적이고 강한 인격체인 어린 아이 하이디의 작은 말과 커다란 생각들은 주변 사람들의 아픔까지 치유하는 힘을 가지고 있습니다. 한 사람이 베푸는 이타는 누군가에게 무엇보다 강한 의지가 되기도 합니다. 친절과 다정을 통해 타인의 용기를 이끌어낼 수도 있습니다.

스스로 자신만의 살아가는 방법과 장소를 선택하는 것이 그다지 대단한 일은 아닐지 몰라도, 세상을 더 나은 시선으로 바라보기에는 충분한 것들입니다. 하이디의 이야기 속에 묘사된 스위스의 저녁노을, 들판 위 양떼의 모습, 치즈, 빵, 염소젖과 같은 음식들, 꽃이 만발한 산속의 싱그러운 풍경과 아이들의 웃음 그 자체가 우리에게 하나의 위로로 다가오기도 합니다.

이렇게 우리는 모두 작은 것에 감동하고 과거와 현재를 사랑하며 살아갑니다. 때로는 마음의 병을 앓고 사무친 그리움에 잠기기도 하면서요. 우리가 영원히 소중한 고향에 머물 수는 없을 것입니다. 하지만, 당신과 당신의 마음이 머무는 고향에 언제까지나 평화가 머물길 기도할 수는 있을 것입니다. 별빛 아래 잠드는 당신의 모든 밤과 추억이 따뜻하기를 기도합니다.

요한나 슈피리
(Johanna Spyri, 1827~1901)

스위스 소설가로, 고아원, 소년 수용소, 여학교 교육, 상담역으로 일했다. 그의 출생지인 히르첼의 산골은 「하이디」 속 산골 마을의 배경이 되었다. 법률가이자 신문 편집자인 베른하르트 슈피리와 결혼하여 문학가, 음악가, 역사학자 등 다양한 지식인과 교류하였다. 중년을 넘어가며 남편과 아들을 잃고 작품 활동에만 전념하였다.
그의 작품들은 아이들과 그들을 사랑하는 이들을 위한 맑고 건강한 이야기이며, 깊은 종교적 색채를 띤다. 주체적이고 독립적인 여성 어린이의 모습과 자연의 힘을 보여준 「하이디」는 당시에는 굉장히 파격적인 주제였기 때문에 큰 호응을 얻었다. 그뿐만 아니라, 이후로도 꾸준히 세계적인 아동 문학의 고전으로 꼽히고 있다.

Q. 어릴 적 사랑하는 사람들과 함께 지냈던 행복한 기억을 떠올려보세요.

#고향 #노을 #밤하늘 #용기 #이타 #다정 #슬픔

Heidi

By Johanna Spyri

PART
3

모험과 불확실함 속에서...

긴 여정을 이겨낼 힘

삶은 모험의 연속입니다. 우리의 생활이 때로는 모험의 시작이 되어 새로운 세계를 보여주기도 하고 대단원이 되어 예상치 못한 결과를 남기기도 합니다. 그 시간이 때로는 힘겨울 수도, 반복되는 지루함뿐일 수도 있습니다. 무엇을 만날지, 결말에 이르러 우리가 어떤 모습으로 변화할지, 무엇을 잃고 얻을지 알지 못한 채 나아갑니다.

동화 속 이야기들은 긴 여정의 한순간을 보여주고 있습니다. 인생의 한순간이었던 모험이 때로는 긴 여정 속, 다른 모험을 헤쳐 나갈 힘이 되기도 합니다. 그들이 긴 여정 속에서 이겨낸 모험들이 우리에게는 하나의 이정표가 될 수 있습니다.

3-1

잠시 멈출 때 얻는 힘

: 모모

미하엘 엔데

「모모」의 이야기는 어린 소녀 '모모'에게서 시작됩니다. 찬란한 어느 도시에는 많은 원형 극장이 있었습니다. 크고 화려한 극장은 비단과 융단으로 차양을 쳤고, 작은 극장은 갈대와 짚으로 꾸며졌습니다. 수천 년이 지나 아름다웠던 도시는 몰락합니다. 흔적만 남은 원형 극장, 모모는 그곳에서 살아가는 아이입니다.

자기가 어디에서 왔는지도, 몇 살인지도 가늠할 수 없었습니다. 마을 사람들은 혼자 생활하는 아이를 도와주고 모모의 대단한 재능을 알게 됩니다. 모모에게는 상대의 말에 정성을 다해 귀 기울이는 능력이 있었습니다. 마을 사람들과 모모는 행복하게 함께 살아갑니다. 그런데, 어느 날부터 모모에게 찾아오는 마을 사람들의 발걸음이 찾아들기 시작합니다.

마을에 회색 신사들이 방문했을 무렵부터였습니다. 회색 신사들은 마을 사람들에게 시간을 아껴서 은행에 저축하라고 설득합니다. 사랑하는 이들과 마음을 나누는 시간, 마을 사람들이 함께 편안한 이야기를 건네는 시간, 혼자만의 고요한 생각에 잠기는 시간들을 말이죠.

사람들은 좋아했던 일을 포기하며 시간을 아끼게 됩니다. 그리고 그들은 언제나 시간이 부족하게 됩니다. 항상 피곤하고, 불만이 많았습니다. 효율과 성공, 세속적 욕망에만 집착하기 시작했습니다. 그들은 아이들을 돌보는 시간조차 아끼게 되었습니다. 마을 사람들이 아낀 시간은 모두 어디로 간 걸까요. 그들이 아낀 시간은 모두 회색 신사들의 생명을 연장하는 데 사용되었습니다.

122 지금 그대로의 나와 같은 사람은 세상에 단 한 사람도 없다. 그렇기 때문에 나는 '나만의 독특한 방식으로' 이 세상에서 소중한 존재다.

123 모모에게는 누구도 따라할 수 없는 재주가 있었다. 그것

은 바로 다른 사람의 말을 들어주는 재주였다. 진정으로 귀 기울여 다른 사람의 말을 들을 줄 아는 사람은 아주 드물다. 더욱이 모모만큼 남의 말을 잘 들어줄 줄 아는 사람도 없었다.

124 한꺼번에 도로 전체를 생각해서는 안 돼. 다음에 딛게 될 걸음, 다음에 쉬게 될 호흡, 다음에 하게 될 비질만 생각하는 거야. 계속해서 바로 다음의 일만 생각해야 한단다.

125 시간은 삶이며, 삶은 가슴 속에 깃들어 있는 것이다. 사람들은 시간을 아끼면 아낄수록 가진 것이 점점 줄어들었다.

126 시간을 재기 위해 달력과 시계가 있지만, 거기에는 그다지 의미가 없다. 사실은 누구나 알고 있듯 한 시간은 한없이 계속되는 영겁과 같을 수도, 한순간의 찰나와 같을 수도 있기 때문이다. 그것은 이 한 시간 동안 우리가 무슨 일을 겪는가에 달려 있다. 시간은 삶이며, 삶은 우리 마음속에 있는 것이니까.

127 모든 사람은 저마다 자신의 시간을 갖고 있거든. 시간은 진짜 주인의 시간일 때에만 살아 있지.

128 자신의 시간을 갖고 무엇을 하느냐는 전적으로 스스로 결정해야 할 문제야. 자기 시간을 지키는 것도 그 사람들의 몫이고.

죽은 시간을 마시며 살아가는 회색 신사들은 시간 도둑들이나 다름없었습니다. 그들의 비밀을 알게 된 모모는 거북이 '카시오페이아'의 도움으로 시간의 관리자 '호라 박사'를 만나게 됩니다. 호라 박사는 모모에게 시간의 꽃을 건넵니다. 시간의 꽃으로 모모에게만 시간의 유예를 남긴 채, 다른 이들의 시간은 모두 멈춰버립니다. 시간이 멈춰버리자 위기를 느낀 회색 신사들은 서로 싸우다 결국 소멸해버리고 맙니다.

살아남은 회색 신사들은 시간을 되찾기 위해 시간 창고로 향했고, 모모는 이들을 따라가 창고에 갇혀 있던 시간을 풀어줍니다. 이로써 마을 사람들은 다시 시간을 되찾습니다. 아이들의 웃음, 꽃향기, 거리의 햇빛, 서로를 바라보고 안부를 나누는 시간을 되찾은 마을 사람들은 다시 아름다운 시간을 살아가게 됩니다.

129 시간이 있다는 것은 어쨌든 분명한 사실이에요. 하지만 만져볼 수는 없어요. 붙잡아 둘 수도 없구요. 혹시 향기

같은 건 아닐까요? 시간은 언제나 거기 있기 때문에 듣지 못하는 음악 같은 걸 거예요.

130 이 세상의 운행에는 특별한 순간이 있지. 그 순간에는 하늘 먼 곳의 별까지, 이 세상 모든 사물과 존재들이 독특한 방법으로 서로 영향을 미쳐 이제껏 일어나지 않았고, 앞으로도 일어날 수 없는 일이 일어날 수 있단다. 애석하지만 인간들은 대부분 그 순간을 이용할 줄 몰라. 그래서 운명의 시간을 아무도 깨닫지 못한 채 지나갈 때가 많지. 하지만 그 시간을 알아보는 사람이 있으면 아주 위대한 일이 이 세상에 벌어져.

131 인생에서 가장 위험한 일은 꿈이 이루어지는 거야. 나는 더 이상 꿈꿀 게 없거든.

132 빛을 보기 위해 눈이 있고, 소리를 듣기 위해 귀가 있듯, 너희들은 시간을 느끼기 위해 가슴을 갖고 있단다. 가슴으로 느끼지 않은 시간은 모두 없어져 버리지.

133 천천히 갈수록 더욱 빨리 갈 수 있으며, 서두르면 서두를수록 더욱 천천히 갈 뿐이다.

134 차츰 기분이 언짢아지고, 가슴 속이 텅 빈 것 같고, 이 세상과 스스로에게 불만을 느끼게 되지. 그 다음에는 그런 감정마저 사라져 아무것도 느끼지 못하게 돼. 무관심해지고, 잿빛이 돼버려. 온 세상이 낯설게 느껴지고 자기와 아무 상관도 없는 것 같아진단다. 이제 그 사람은 화내지 않고, 뜨겁게 열광하는 법도 없을 테지. 기뻐하지도 슬퍼하지도 않아. 웃음과 눈물을 잊는 거지. 그러면 그 사람은 차게 변하여 어떤 것도, 어떤 사람도 사랑할 수 없게 돼. 그때는 회복할 길이 없지. 공허한 잿빛 얼굴로 바삐 돌아다니게 돼. 회색 신사와 똑같이, 그들 중 하나가 된단다. 그 병의 이름은 '견딜 수 없는 지루함'이란다.

이야기의 주인공, 모모는 마을 사람들과 시간을 되찾기 위한 모험을 떠났습니다. 우리의 생활은 어떤가요? 누군가의 이야기에 진정으로 귀를 기울일 수 있는 여유를 가졌나요? 혹은 온기보다 효율을 위해 살아가며, 사랑하는 시간의 가치를 잊고 시간의 절약만을 중시하고 있나요?

우리는 모두 바쁜 삶을 살고 있습니다. 오랫동안 그렇게 생활하도록 훈련받았고 그렇지 못한 이들을 게으르다며 비난하는 사회 속에 놓여 있지요. 스스로의 시간을 놓치고 있다는 기분에 절망 속을 헤매고 있을지도 모릅니다. 하지만 우리의 시간을 아끼는 일만큼 우리 스스로와 곁의 사람들을 아끼는 일도 중요합니다.

당신의 시간은 당신을 위한 것입니다. 바쁘고 촉박한 생활 속에서 당신의 삶을 잃어버려서는 안 되겠지요. 지금의 모험이 마무리 된 다음, 추억할 순간이 시간으로부터 도망치듯 쫓긴 순간뿐이라면 아쉬울 테니까요.

가끔은 걸음을 멈추고 뒷걸음질을 치기도 하며 자신을 돌아보는 시간을 갖길 바랍니다. 당신의 시간은 당신 스스로 만들어갈 수 있습니다. 당신에게만 그럴 자격이 있다는 것을 잊지 않기를.

미하엘 엔데

(Michael Ende, 1929~1995)

독일의 청소년문학 작가이자 배우, 극작가, 비평가이다. 초현실주의 화가인 아버지 에드가 엔데와 화가 루이제 바르톨로메의 아들로 태어났다. 부모님의 영향을 받은 그는 글, 그림, 연극과 같은 예술 분야는 물론 철학, 종교, 신화에도 두루 재능을 보였다. 제2차 세계대전이 발발할 즈음에는 발도르프 학교에서 공부를 하고 있었다. 하지만, 아버지에게 징집영장이 발부되어 학업을 그만두고 도망 다니게 되었다. 전쟁이 끝난 뒤, 드라마 학교에서 공부를 하다 연극배우, 연극평론가, 연극기획자로 활동하기도 하였다.

1960년에 집필한 첫 작품 「기관차 대여행」이 독일 청소년 문학상을 수상하였고, 1970년에 「모모」, 1979년에는 「끝없는 이야기」 등을 발표하며 세계적인 작가로 이름을 떨쳤다.

Q. 잠시 멈추고 주위 사람과 함께 했을 때 느꼈던 행복을 상기시켜보세요.

#시간 #현재 #마음 #대화 #멈춤 #생각 #고민

Momo

By Michael Ende

3-2

틀에 박힌 길을 벗어나는 여행

: 톰 소여의 모험
마크 트웨인

이 동화의 원제는 「The Adventures of Tom Sawyer」로, 1876년에 발표되었습니다. 미국 현대문학의 대표 작품으로 알려져 있는 고전이며 아이들뿐만 아니라 어른들에게도 오랜 사랑을 받았습니다. 아이의 심리와 모험을 생생하게 묘사하며 아이들을 즐겁게 하고, 어른들을 묘한 향수에 빠지도록 하는 이 작품의 서문에 마크 트웨인은 다음과 같은 이야기를 했습니다.

"나는 주로 소년 소녀들을 즐겁게 해 주기 위해 이 책을 썼지만 그런 이유 때문에 어른들한테서 외면당하지 않았으면 한다. 어른들이 한때 자신의 모습이 어떠했는지, 어떻게 느끼고 생각하고 이야기를 했는지, 그리고 가끔은 어떤 이상한 놀이에 몰두했는지 즐거운 마음으로 회상하도록 계획했기 때문이다."

모험심 넘치는 말썽쟁이 소년 '톰'은 이복동생 시드, 메리 누나와 함께 폴리 이모의 집에 살고 있습니다. 폴리 이모가 '울타리에 페인트칠을 하라'는 벌을 주자 꾀를 부려 마을 아이들이 대신 하도록 만들거나 학교에 가기 싫다고 꾀병을 부리고, 온 숲을 돌아다니며 모험하기도 합니다. 어느 날은 단짝 친구인 떠돌이 소년 '허클베리 핀'과 함께 공동묘지에 놀러가기도 합니다. 이곳에서 두 소년은 살인 사건을 목격하게 됩니다.

135 톰은 2분이 지나자 자신의 문제를 모두 잊고 말았다. 톰의 문제가 어른들의 것만큼 심각하거나 고통스럽지 않아서가 아니라 새롭고 강렬한 관심사가 떠올랐기 때문이다.

136 어른들도 새로운 일에 관심을 갖게 되면 이전의 불행은 까맣게 잊기 마련 아닌가.

137 이번 일로 톰, 스스로는 미처 알아차리지 못했지만 인간의 행동을 둘러싼 아주 큰 법칙을 발견했다. 즉 어른이든

아이든 뭔가를 애타게 원하게 하려면 그게 뭐든 간에 쉽사리 손에 넣을 수 없게 하면 된다는 것을.

138 영국에는 상당한 돈을 치러야 하는 특권으로 여름만 되면 30km에서 50km에 달하는 길을 사두마차로 다니는 부자 신사들이 있다. 하지만 그들이 마차를 모는 대가로 돈을 받는다면, 그 여가는 일이 될 것이고 그들은 그 일을 곧바로 그만두고 싶어질 것이다.

139 이런 설교는 겉만 번드르르하고 진실성이라고는 찾아보기 힘들었지만 학교에서 이 유행을 몰아내는 것은 쉽지 않았고, 이는 오늘날도 마찬가지다. 이 세상이 존재하는 한 그런 일은 아마 절대 없지 싶다.

140 월요일 아침이 되자 톰 소여는 우울했다. 월요일 아침이 되면 늘 그랬다. 또다시 학교에 가야 하는 더딘 한 주가 시작되기 때문이었다.

141 모든 시련에는 보상이 따르게 마련이다.

142 삶이란 괴롭기만 하다는 생각이 들었다. 톰은 최근에 세

상을 떠난 지미 호지스가 몹시 부러웠다. 나무 사이로 살랑거리고 무덤 위의 풀과 꽃을 어루만지는 바람을 벗 삼아 신경 쓸 일도, 슬퍼할 일도 없이 영원히 잠든다면 얼마나 평화로울까?

143 아, 일시적으로 죽을 수 있다면 얼마나 좋을까.

살인 사건의 범인은 인디언 조. 그는 그의 고용주였던 악질 의사 로빈슨을 살해한 것입니다. 사건의 범인인 조는 주정뱅이 영감 머프 포터에게 누명을 씌우려 했지요. 톰은 머프 포터의 재판에서 조가 범인임을 증언하지만 조는 이미 도망가 버린 뒤였습니다.

이후, 톰은 좋아하는 여자아이 '베키'와 함께 동굴로 모험을 떠납니다. 아이들이 놀러간 동굴 깊숙한 곳에는 조가 몸을 숨기고 있었습니다. 아이들은 그에게 들키지 않게 몰래 동굴을 빠져나오고, 아이들이 동굴로 들어가는 것을 위험하다고 판단한 마을 사람들은 동굴의 입구를 막아버립니다.

조는 그곳에 갇혀버리고, 톰은 허클베리와 함께 동굴의 비밀 출입구로 들어가 조가 숨겼던 '보물'을 찾아냅니다. 이 보물의 반은 어린 톰의 보호자, 폴리 이모가 관리하며 톰이 성인이 되기까지 지속적으로 지급하기로 판결하였고, 남은 반은 노예 생활에서 도망친 흑인과 함께 마을을 떠나는 허클베리에게 전달됩니다. 그리고 마크 트웨인의 또 다른 저작이자 이야기의 후속작인 「허클베리 핀의 모험」으로 이야기가 이어집니다.

144 주눅들 필요가 없다. 진실이란 언제나 존경받는 것이니까.

145 톰은 한 가지 새로운 사실을 깨달았다. 어떤 일을 하지 않겠다고 약속하는 것이 곧바로 그 일을 하고 싶게 만드는 가장 확실한 방법이라는 사실이다.

146 "다들 그렇게 하고 있어, 허크."
"톰, 그래도 나는 싫어. 난 그런 애들과 다르잖아. 나는 그렇게 살 수 없어. 그렇게 틀에 박혀 사는 건 끔찍해."

147 괜찮아. 이 길은 아니지만 곧 길을 찾게 될 거야.

148 확실하지도 않은 보물보다는 확실한 오늘 밤의 즐거움이 훨씬 더 가치가 있다.

149 얼마 동안 희망이 다시 솟아나는 기미가 보였다. 희망을 뒷받침할 특별한 이유가 있어서가 아니었다. 다만, 희망은 나이를 먹고 실패에 익숙해져 완전히 사라지기 전까지는 용수철처럼 다시 일어나는 성질이 있기 때문이다.

작가가 서문에서 직접 밝힌 의도와 같이, 이 동화는 우리가 어린 시절에는 누구였는지, 무엇을 느끼고 어떤 생각을 했으며, 또 어떤 심각한 고민에 빠졌는지, 무엇에 깊게 빠져 안전이나 상식과는 동떨어진 행동을 하기도 했는지 떠올려보게 합니다. 톰 소여처럼 떠들썩한 말썽쟁이였을 수도, 혼자 있는 시간을 좋아하는 조용한 아이였을 수도, 친구가 많고 부모님과 선생님의 말도 곧잘 듣는 모범생이었을 수도 있습니다.

어떤 아이였든지 우리의 어린 시절은 커다란 모험과 같습니다. 처음 보는 낯선 것들, 알지 못하는 것들로 가득 찬 세상을 한 발씩 나아가며 성장하는 과정이니까요. 정신없는 모험의 시간을 지나 어른이 된 우리는 이제는 천천히 나아가거나, 한 곳에 멈추기도 할 것입니다. 혹은, 끝나지 않은 모험의 연장선을 헤쳐 나갈 수도 있습니다.

이럴 때 우리에게 힘이 되어주는 것은 어린 시절의

기나긴 모험을 지나온 용기와 경험입니다. 당신의 추억을 소중히 여기며 낯선 길을 헤매는 모험가를 만난다면 안내를 도와주는 것은 어떨까요. 한때 당신이 가졌던 용기와 이루었던 모든 것을 잊지 않고 나아갈 수 있기를.

마크 트웨인
(Mark Twain, 1835~1910)

미국의 소설가로 '마크 트웨인'이라는 이름은 필명으로, 뱃사람들의 용어이다. 뜻은 '물 깊이 두 길'을 뜻하는 수역 안내이다. 본명은 '사무엘 렝그혼 클레맨스(Samuel Langhorne Clemens)'이다. 인쇄소 견습공으로 일을 시작하여 1857년에는 미시시피 강에서 수로 안내인, 이후에는 광산기사, 신문기자로 일하기도 했다. 신문기자로 일하며 단편 「캘리베러스의 명물 도약 개구리(The Celebrated Jumping Frog of Calaveras County)」를 출판하여 명성을 얻었다.
1867년에는 관광단과 동행하며 유럽 각지와 성지를 돌아다니며 신문에 기행문을 연재하였다. 이후 이 기행문을 정리하여 「철부지의 해외여행기」(1869)를 발표하였다. 그의 대표 작품으로는 「톰 소여의 모험」, 「허클베리 핀의 모험」, 「왕자와 거지」 등이 있다.

Q. 어린 시절, 친구와 함께 모험을 해 본 경험이 있나요? 용기 있었던 어린 시절을 회상해 보세요.

#모험 #어린시절 #보물 #용기

The adventures of Tom Sawyer

By Mark Twain

3-3

행복이 기다리는 목적지

: 오즈의 마법사

라이먼 프랭크 바움

우리에게 익숙한 「오즈의 마법사(The Wizard of Oz)」는 14편으로 이루어진 시리즈의 첫 번째 작품입니다. 1편 '오즈의 위대한 마법사(The Wonderful Wizard of Oz)'에서 출발한 그들의 이야기는, 2편 '환상의 나라 오즈(The Marvelous Land of Oz)' 등을 거쳐, 14편 '오즈의 착한 마녀 글린다(Glinda of Oz)'까지 이어지게 됩니다.

이야기는 캔자스의 황량한 회색빛 초원에서 농부 헨리 아저씨 그리고 엠 아주머니와 함께 살던 '도로시'에게서 시작됩니다. 도로시는 어느 날, 회오리바람에 휘말립니다. 도로시와 강아지 '토토'가 함께 숨어 있던 집은 통째로 오즈의 세계로 날아가 버립니다. 고요하고 낯선 장소에 떨어진 도로시와 토토. 그곳은 오즈 세계의 동쪽이었습니다.

하필 그곳을 지배하던 나쁜 마녀에게 도로시의 집이 떨어진 탓에, 나쁜 마녀는 죽어버립니다. 사람들은 도로시에게 감사를 표하며 은색 구두를 선물합니다. 이들은 도로시가 돌아가기 위해서는 오즈의 도움이 필요하다고 조언합니다.

도로시는 은색 구두를 신고 오즈를 찾아 떠납니다. 그 길에서 도로시는 여러 친구를 만나게 됩니다. 생각을 하기 위한 뇌가 필요한 허수아비, 마법사의 저주로 몸을 잃었다가 강철 몸을 되찾았지만 심장을 만들 수 없었던 양철 나무꾼, 용기를 원하는 겁쟁이 사자. 이들은 각자 오즈에게 원하는 것을 부탁하기 위해 도로시와 함께 길을 떠나기로 합니다.

넷의 모험에는 위험이 가득했습니다. 하지만 사자의 용기, 양철 나무꾼의 인정, 허수아비의 지혜로 어려움을 이겨내며 나아갑니다. 그리고 마침내 오즈가 살고 있는 에메랄드 시에 도착합니다. 사방이 온통 녹색으로 가득한 그곳에서, 오즈는 그들이 서쪽의 나쁜 마녀를 없앤다면 소원을 들어주겠다고 약속합니다.

150 아무리 황량하고 따분해도 다른 아름다운 곳보다 고향에서 살고 싶어 하는 게 사람이에요. 세상에 집보다 좋은 곳은 없거든요.

151 바보들은 심장이 있어도 그걸로 무엇을 해야 하는지 몰라요.

152 뇌는 사람을 행복하게 만들어주지 못해요. 세상에서 가장 소중한 건 바로 행복이에요.

153 자기가 겁쟁이라는 걸 아는데 어떻게 행복할 수 있겠어요.

154 여러분에게는 자신을 바른길로 이끌어 주는 심장이 있으니 죄를 짓지 않을 거예요. 하지만 나는 심장이 없어서 더욱 조심해야만 해요.

도로시와 허수아비, 양철 나무꾼, 사자는 다시 여행을 떠납니다. 서쪽 마녀는 도로시 일행을 다양한 방법으로 위협하고 가둬버립니다. 호시탐탐 구두를 빼앗을 기회를 노리던 서쪽 마녀에게 도로시가 물을 끼얹자, 마녀는 갈색으로 녹아 사라집니다. 마녀를 물리친 그들은 다시 오즈에게 돌아갔고, 오즈의 정체를 알게 됩니다. 그는 마법사가 아니라 복화술을 할 줄 아는 평범한 열기구 여행가였습니다.

오즈는 허수아비가 지혜를, 사자가 용기를, 양철 나무꾼이 이미 마음을 갖고 있음을 알려줍니다. 그리고 도로시에게 집으로 돌아갈 수 있는 열기구를 만들어줍니다. 하지만 도로시는 토토를 찾느라 열기구를 놓치고 오즈 혼자 고향으로 돌아가 버립니다.

오즈가 떠나 에메랄드 시에 새로운 왕이 필요해졌고, 이에 지혜를 가진 허수아비가 새로운 왕이 됩니다. 도로시는 집으로 돌아갈 방법을 찾기 위해 다시 남쪽으로 떠납니다. 친절한 남쪽의 마녀는 은구두의 뒷굽을 세 번 울려 원하는 곳으로 돌아갈 수 있다는 사실을 알려주고, 도로시는 토토와 함께 무사히 캔자스로 돌아갈 수 있게 됩니다.

155 이곳은 아름답고 푸르니까 에메랄드 시라고 이름 붙여야겠다고 생각했어. 또, 이름에 걸맞게 모두에게 초록색 안경을 쓰게 했지. 세상이 온통 초록색으로 보이도록.

156 너는 뇌가 필요 없어. 매일 새로운 것을 배우고 있으니까.

아기들이 뇌가 있다고 많이 아는 건 아니잖아. 경험을 통해서만 무언가를 배울 수 있지.

157 살아 있는 존재라면 누구나 위험 앞에서 두려움을 느껴. 진정한 용기란 두려움에도 불구하고 위험에 맞서는 것인데, 너는 이미 그런 용기를 충분히 갖고 있어.

158 저는 언제나 있는 그대로의 허수아비가 좋았어요.

159 허수아비는 에메랄드 시의 새 주인이 되었습니다. 허수아비는 마법사가 아니었지만, 사람들은 자랑스럽게 여겼습니다. 세상에서 지푸라기 사람이 다스리는 도시는 이곳뿐이잖아요.

우리는 긴 여정 속에서 우리가 무엇을 원하는지 잊어버리기도 합니다. 이미 갖고 있는 것을 잃어버렸다고 착각하기도 하고, 잃어버린 것을 갖고 있다고 착각하기도 합니다. 때로는 색안경을 끼고 있다는 사실을 알고도 안경을 벗고 싶지 않은 때도 있고요.

도로시가 길고 험난한 여정을 끝까지 이겨내고 여행의 끝에서 마침내 자신의 소원을 말하고 캔자스로 돌아갈 수 있었던 것은, 도로시가 그 모든 일을 겪고도 여전히 도로시 자신이었으며, 스스로 무엇을 원하는지 알고 있었기에 가능한 일이었습니다.

우리의 여정 속에서도 자신이 끝내 무엇을 원하는지, 무엇을 위해 이 길 위에 서 있는지 잊지 않아야 합니다. 하지만, 원하는 것을 모르거나 바람이 없는 순간도 있기 마련입니다. 또, 허수아비, 양철 나무꾼, 사자처럼 지금 내가 무엇을 가졌는지 알아채지 못했을 수도 있습니다. 그래도 나아가기를, 길을 찾기를 포기하지 않기를 바랍니다.

허수아비와 양철 나무꾼, 사자가 도로시를 만나 떠날 수 있었던 것처럼, 도로시가 매 순간 새로운 목적지를 찾은 것처럼. 우리도 어느 순간 나 자신을 알게 될 것입니다. 당신만의 행복이 기다리는 목적지를 향해 주저 없이 나아가기를 바랍니다.

라이먼 프랭크 바움
(Lyman Frank Baum, 1856~1919)

미국 뉴욕에서 태어난 동화 작가이다. 극작가, 극장 경영자, 신문기자, 영업사원 등 여러 직업을 전전했고, 심지어 닭을 기르기도 했다. 어려운 상황에서도 가족의 지지로 좌절하지 않았던 그는 밤마다 아이들을 위해 이야기를 지었다.

그가 1899년 처음으로 쓴 「아빠 거위」가 큰 성공을 거두었고, 1900년의 「오즈의 마법사」는 뮤지컬, 영화 등으로 꾸준히 재창작되고 그의 사후에까지 후속작이 발간될 정도로 큰 인기를 끌었다. 그 외, 그가 집필한 약 60권의 작품에는 도로시처럼 강하고 적극적인 여성상이 자주 등장하며 대부분 어린이들을 위한 것이다. 그렇지만, 그의 세계는 어린이와 어른이 모두 빠져드는 환상과 상상을 보여주고 있어 오랫동안 폭넓게 사랑받고 있다.

Q. 최근 이루고자 했던 목표가 있나요? 목표를 잊지 않기 위해 다시 한번 상기시켜보세요.

#목적지 #소원 #바람 #여정 #길 #시야

The wizard of Oz

By Lyman Frank Baum

3-4

계속되는 선택지 속에서

: 마당을 나온 암탉

황선미

「마당을 나온 암탉」은 한 마리 암탉, '잎싹'의 이야기를 그리고 있습니다. 닭과 오리가 주인공으로 등장하는 우화이지만, 환상과 몽환의 아름다움보다는 인생과 현실의 잔혹함을 보여주는 동화입니다.

'잎싹'이라는 이름은 잎사귀의 생명력에 반한 암탉이 스스로 지은 이름입니다. 그러나 정작 잎싹은 철망에 갇혀 한 번 품어볼 수도 없는 알을 낳는 난용종 암탉이었습니다.

잎싹이 갇혀 있는 철망 밖 마당에는 토종 수탉과 암탉, 새끼 병아리들과 자유로운 가축들이 살았습니다. 잎싹은 새끼 병아리를 기르는 암탉의 모습과 자유로운 그들의 모습을 동경했습니다. 그의 소원은 비극적인 방식으로 이루어집니다. 더 이상 알을 낳을 수 없을 때, 마당의 주인은 그가 쓸모를 다했다고 판단하고 죽은 닭들과 함께 마당 바깥의 숲의 구덩이에 내다 버립니다.

잎싹은 자유를 얻지만 동시에 족제비에게 먹힐 위험에 처합니다. 배고픈 족제비에게서 잎싹을 구한 것은 청둥오리 '나그네'였습니다. 그 일을 계기로 둘은 가까운 친구가 됩니다. 잎싹은 서서히 자신이 더 이상 알을 낳을 수 없다는 사실을 알아가지만 그럼에도 알을 품고 새끼를 길러보고 싶다는 소망을 포기하지 않습니다.

어느 날, 잎싹은 덤불 속에서 아무도 보호하지 않는 알을 발견합니다. 잎싹은 그 알을 품었고 나그네는 날마다 잎싹에게 물고기를 물어다 주었습니다. 하지만 알이 부화하고 새끼가 태어나는 날, 나그네는 알과 잎싹을 지키다가 족제비에게 죽임을 당합니다.

160 바람과 햇빛을 한껏 받아들이고, 떨어진 뒤에는 썩어서 거름이 되는 잎사귀. 그래서 결국 향기로운 꽃을 피워 내는 게 잎사귀니까. 잎싹도 아카시아 나무의 그 잎사귀처럼 뭔가를 하고 싶었다.

161 잎사귀는 꽃의 어머니야. 숨 쉬고, 비바람을 견디고, 햇빛을 간직했다가 눈부시게 하얀 꽃을 키워 내지. 아마 잎사귀가 아니면 나무는 못 살 거야. 잎사귀는 정말 훌륭하지.

162 누가 죽는가 하면 또 누가 태어나기도 한다. 이별과 만남을 거의 동시에 경험하는 일도 있는 것이다. 그래서 언제까지나 슬퍼할 수만은 없다.

163 좀 다른 게 어때서? 서로 달라도 얼마든지 사랑할 수 있는 거야.

164 우리는 다르게 생겨서 서로를 속속들이 이해할 수 없지만 사랑할 수는 있어. 나는 너를 존경해.

잎싹이 소중히 품었던 알에서는 새끼 오리가 태어났습니다. 잎싹은 그 알이 나그네의 알이었다는 사실을 알게 되었습니다. 새끼를 기르기에 안전한 곳을 찾아 저수지에서 살아가기 시작하고 그곳에서 태어난 청둥오리는 오리의 삶을 익히게 됩니다.

잎싹의 행복이자, 희망이고, 기쁨이었던 새끼 오리. 오리가 좀 더 자라자 잎싹은 그에게 '초록머리'라는 이름을 붙여 줍니다. 초록머리는 하늘을 날고 싶어 합니다. 오리들의 무리에 속해 소속감을 느끼고 싶었던 것이죠. 결국 초록머리는 청둥오리 떼를 따라 다른 세상으로 나아갑니다. 삶의 희망이었던 초록머리가 떠난 자리에 남은 잎싹의 슬픔은 무척 컸지만, 잎싹은 초록머리가 넓은 세상을 볼 수 있길 바랐습니다.

한편 겨우내 굶주린 족제비는 또다시 청둥오리 무리의 파수꾼이 된 초록머리를 노리고 덤불 속에 숨어 있었습니다. 잎싹은 초록머리를 지키기 위해 나무 아래에 있던 새끼 족제비들을 붙잡습니다. 족제비는 잎싹에게 새끼들을 해치지 말라고 애원합니다. 족제비는 굶지 않으려면 닭과 오리를 잡아먹어야만 했습니다. 삶을 이어가기 위해서는 어쩔 수 없었습니다. 잎싹은 새끼 족제비들을 위해 희생하기로 마음먹고 이야기는 잎싹의 죽음으로 끝이 납니다.

165 어리다는 건 경험이 부족하다는 것! 아가, 너도 이제 한 가지를 배웠구나. 같은 족속이라고 모두 사랑하는 건 아니란다. 중요한 건 서로를 이해하는 것! 그게 바로 사랑이야.

166 나는 정성껏 알을 품었고, 아기가 태어나기를 간절히 바

랐어. 알이었을 때부터 끊임없이 사랑했단 말이야. 단 한 번도 이 속에 뭐가 들었을까 의심하지 않았어. 그런데 병아리가 아니라 오리였지. 하지만, 그게 뭐 어때. 아기도 나를 엄마라고 생각하는걸!

167 어쩌면 앞으로 이런 시간은 두 번 다시 오지 않을 것이다. 소중한 것들은 그리 오래 머물지 않는다. 그것을 알기 때문에 잎싹은 모든 것을 빠뜨리지 않고 기억해야만 했다. 간직할 것이라고는 기억밖에 없으니까.

168 하고 싶은 걸 해야지. 그게 뭔지 너 자신에게 물어 봐.

169 나는 괜찮아. 아주 많은 걸 기억하고 있어서 외롭지 않을 거야.

170 언젠가 말하려고 간직했던 많은 이야기가 한꺼번에 솟구쳐 올라왔다. 그런데 그것들은 단 한마디의 말도 못 되고 그저 울음으로 터져 버렸다.

171 한 가지 소망이 있었지. 알을 품어서 병아리의 탄생을 보는 것! 그걸 이루었어. 고달프게 살았지만 참 행복하기도

했어. 소망 때문에 오늘까지 살았던 거야. 이제는 날아가고 싶어. 나도 초록머리처럼 훨훨, 아주 멀리까지 가 보고 싶어!

172 날고 싶은 것, 그건 또 다른 소망이었구나. 소망보다 더 간절하게 몸이 원하는 거였어.

우리의 삶에는 수많은 선택이 필요합니다. 때로는 부딪히기를, 때로는 도망치기를 선택하며 우리는 살아갑니다. 그 결과에 만족하기도 하지만 분노하고 좌절하는 때가 더욱 많기도 합니다. 또 어떤 때에는 선택하는 일 자체를 외면해 버리기도 합니다.

우리의 선택은 대부분 꿈과 희망, 소원, 추억으로 이루어져 있습니다. 긴 모험과 같은 여정 속에서 우리는 무엇 하나 확신하지 못한 채 이같이 작은 것들에 의지하여 나아갑니다. 바라는 것을 위해 선택하고, 바라는 것을 포기하고자 선택하기도 합니다. 추억을 지키거나 추억에서 벗어나기 위한 선택을 하기도 합니다.

이 속에서 우리는 숱한 질문과 함께 방황하게 됩니다. 우리가 꿈을 잃지 않기 위해, 소중한 추억을 간직하기 위해서는 어떻게 해야 할까요? 우리가 진정으로 바란 곳으로 나아가는 것이 맞을까요? 그때의 선택은 옳았던가요? 꿈과 삶이 어느 순간 이어지기를 간절히 바라는 수밖에 없을까요?

이 이야기는 우리의 질문에 약간의 힌트를 건네줍니다. 우리가 서로의 꿈을 위해 어떻게 해야 하는지, 또 우리의 추억을 어떻게 간직하고 나아가야 하는지, 당신이 현재와 자신에게 충실할 수 있도록 조언을 건넵니다. 당신이 삶과 추억을 잃지 않고 잘못된 선택에 함몰되지 않고, 스스로의 목소리를 들으며 나아가기를 바랍니다.

황선미
(Sunmi Hwang, 1963~)

1995년에 단편 「구슬아, 구슬아」로 아동문학평론 신인문학상을 수상하였고, 중편 「마음에 심는 꽃」으로 농민문학상을 수상하며 데뷔하였다. 1997년에는 제1회 탐라문학상 동화 부문을 수상하였다. 대표 작품으로는 「나쁜 어린이표」, 「마당을 나온 암탉」, 「까치우는 아침」 등이 있다. 특히, 「마당을 나온 암탉」은 국내 창작동화로는 첫 밀리언셀러를 기록하여 수십 개국에 번역 출간되었다. 그리고 세계적인 인기를 모으며 애니메이션 영화, 뮤지컬, 연극, 판소리 등 다양한 공연으로 각색되었다.

Q. 최근 중요한 선택을 내렸던 경험을 떠올려 보세요. 선택의 과정 속에서 가장 중요하게 생각했던 것은 무엇이었나요?

#희망 #꿈 #소원 #탈출 #선택 #의미 #사랑

A hen into the wild

By Sunmi Hwang

3-5

어린이만이 갈 수 있는 '이상한 나라'

: 이상한 나라의 앨리스
루이스 캐럴

'앨리스'의 모험은 우리에게 너무나 익숙합니다. 회중시계를 들고 바삐 뛰어가는 토끼, 몸이 마음대로 커졌다 작아지는 일들, 체셔 고양이와 모자 장수, 하트 여왕의 카드 병정들……. 익숙한 듯한 이 이야기들은 한편으로 낯설게 다가옵니다. 앨리스가 무엇을 위해 모험을 계속했는지, 앨리스가 모험에서 무슨 생각을 했는지 알 수 없기 때문입니다.

앨리스의 이야기는 커다란 사건을 중심으로 12장으로 구성됩니다. 이야기는 앨리스가 옷을 입고 회중시계를 든 토끼를 따라 토끼굴 속으로 들어가며 시작됩니다. 한없이 아래로 떨어진 앨리스는 여러 개의 문이 놓인 방에 도착합니다. 이곳에서 앨리스는 탁자 위 주스를 마시고 몸이 작아졌다가 탁자 아래 케이크를 먹고 몸이 커지기를 반복합니다.

자신이 흘린 눈물에 빠져 허우적거리기도 하고, 동물들과 함께 코커스 경기를 하고, 또다시 몸이 커지는 바람에 토끼의 집을 망가트리기도 합니다. 앨리스의 이상한 나라에서 일반적인 지식과 교육은 도움이 되지 않습니다. 몸이 커지고 작아지는 일의 현실성을 따지는 대신 버섯 위에서 물담배를 피우는 애벌레에게 몸 크기를 조절할 수 있는 방법을 배웁니다.

또, 공작부인의 집에서 아기가 돼지로 변해버리는 모습을 보기도 합니다. 3월의 토끼와 모자 장수, 겨울잠쥐가 모인 다과회에 참석한 이야기도 빼놓을 수 없지요. 앨리스는 이 모든 낯선 사건을 두려워하지 않고 받아들입니다.

173 엉뚱한 앨리스는 두 사람인 척하는 걸 아주 좋아했다. '하지만 지금은 '두 사람 놀이'도 소용없어! 제대로 한 사람 몫을 해내기에도 빠듯한걸.'

174 여기서 나가는 길 좀 알려 줄래?

그건 네가 어디로 가고 싶은지에 달렸어.

어디든 상관없어. 어딘가에 도착하기만 한다면.

그럼, 넌 분명히 도착하게 되어 있어. 오래 걷다 보면 말이야.

175 어제만 해도 평소와 다르지 않았는데. 밤사이에 내가 변한 건가? 그럼, 오늘 아침에 일어났을 때 뭐가 좀 달랐나? 기분이 이상했던 것 같기도 한데. 하지만 내가 정말 변했다면 '도대체 지금의 나는 누구인 거지?' 아, 이거야말로 알 수 없는 문제야.

176 집에 있을 때가 훨씬 좋았어. 커졌다 작아졌다 하지도 않고 쥐나 토끼가 이래라저래라 하지도 않잖아. 토끼 굴로 들어오는 게 아니었어. 하지만……. 이렇게 사는 게 더 재미있잖아! 나한테 벌어질 일들이 너무 궁금하단 말이야!

177 우리 사이에 문이 있다면 네가 문을 두드리는 게 소용이 있을 거야. 네가 안에서 문을 두드리면 내가 문을 열어 널 내보내 주는 식으로 말이야.

178 내 기분은 내가 정해. 오늘의 나는 '행복'으로 할래.

179 식초는 사람들을 심술궂게 만들고, 약은 사람들의 마음을 독하게 만들어. 또 사탕 같은 것들은 아이들을 달콤하게 길들이지. 사람들이 이 사실을 안다면 얼마나 좋을까.

180 지도만 보면 뭐해? 남이 만들어 놓은 지도에 네가 가고 싶은 곳이 있을 것 같니? 넌 너만의 지도를 만들어야지.

181 네가 나만큼 시간을 잘 안다면 시간을 낭비한다고 말하진 못할 거야. 시간은 물건이 아니라 사람이니까.

182 네가 만약 시간이랑 사이좋게 지내면 시간은 네가 바라는 대로 시계를 맞춰 줄 거야. 예를 들어 아침 아홉 시에 수업을 시작한다면, 넌 시간에게 슬쩍 귀띔만 해 주면 돼. 그럼 시계가 눈 깜짝할 사이에 돌아간다고! 1시 반, 점심 먹을 시간으로!

183 찾기만 하면 모든 것에는 반드시 교훈이 있단다.

184 모두가 자기 일에만 신경 쓴다면 세상이 지금보다 훨씬 빨리 돌아갈 텐데.

빨리 돌아간다고 좋을 건 없을걸요.

앨리스는 하트 여왕의 크로켓 경주에도 참여합니다. 마구잡이로 화를 내며 사형을 집행하는 하트 여왕은 앨리스에게 바닷속에 다녀오라는 명령을 내립니다. 바닷속에서 앨리스는 가짜 거북을 만나 특이한 수업을 듣습니다.

앨리스가 바닷속에서 돌아오자, 여왕은 잭이 타르트를 훔쳤다며 재판을 열어버립니다. 앨리스는 이 재판의 마지막 증인이 됩니다. 앨리스는 근거 없는 처형에 반대합니다. 낯선 곳, 낯선 이들 속에서도 자신의 뜻을 당당히 밝히지만 이는 쉽게 받아들여지지 않습니다.

앨리스가 끝까지 사형을 반대하자 여왕은 앨리스에게 화를 내고, 여왕에게 맞서던 앨리스는 화가 난 카드들의 공격을 받습니다. 그리고 그 순간, 앨리스는 잠에서 깨어납니다. 이상한 나라가 아니라, 언니의 곁에서요.

185 '다른 사람 눈에 보이는 대로 행동하라'이지, 좀 더 간단히 말하면, '절대 너 자신이 다른 사람의 눈에 비치는 모습과 다르다고 생각하지 마라.' 과거의 네 모습이나 너였을지도 모르는 모습은 그 이전에 다른 사람들에게 보였던 너의 모습과 다르지 않으니까.

186 어제 이야기는 아무 의미가 없어요. 왜냐하면 지금의 난 어제의 내가 아니거든요.

187 마지막으로 앨리스의 언니는 훗날 숙녀로 성장한 동생의 모습을 상상해 보았다. 나이가 들어가면서 어린 시절의 순수하고 사랑스러운 마음을 어떻게 지켜나갈지, 아이들 앞에서 신기한 이야기들을 들려주며 그 숱한 눈망울들을 얼마나 초롱초롱 빛나게 할지를 생각했다.

188 앨리스! 너의 보드라운 손으로 이 이야기를 받아 어린 시절의 꿈과 신비로운 기억으로 엮은 신비한 그곳에 놓아두렴. 머나먼 나라에서 꺾어 온 순례자의 시든 꽃다발처럼.

앨리스는 꿈에서 깨어나 언니에게 모험 이야기를 들려줍니다. 그리고 앨리스의 언니는 그날 밤, 꿈에서 앨리스와 같은 모험을 하게 됩니다. 꿈에서 깬 언니는 앨리스와 달리 자신의 모험이 꿈이라는 사실을 알고 있습니다. 그리고 상상합니다. 어른이 된 앨리스가 지금의 동심을 여전히 갖고 있을지.

앨리스의 이야기는 동심의 시선을 그대로 보여주고

있습니다. 현실적인 상식은 통하지 않는, 온전한 어린이의 세계와 비슷합니다. 우리 역시 그런 시간 속에서 모험하며 자라왔지요. 내가 누구인지 여기가 어디인지 또 어디로 가야 하는지 알 수 없는 길 위를 걸으며 이곳까지 왔습니다.

어린 시절과 달리 우리의 세계는 더 이상 '이상한 나라'가 아닐 것입니다. 현실적인 상식이 중심이 되고 흥미진진한 모험보다는 무섭고 갑갑한 미로처럼 느껴지기도 합니다. 여전히 이곳이 어디인지, 어디로 가야 하는지 알 수조차 없습니다.

하지만 우리는 이미 커다란 모험에서 얻은 이야기를 간직하고 있습니다. 우리가 걸을 만큼 걷고 나면, 우리는 어딘가에, 우리가 바랐던 곳에 도달할 수 있을 것입니다. 어제와는 또 다른 나의 모습으로.

루이스 캐럴

(Lewis Carroll, 1832~1898)

본명은 찰스 루트위지 도지슨(Charles Lutwidge Dodgson)으로 영국의 동화 작가이자 수학자이다. 성직자인 아버지 아래 11남매 중 셋째로 태어났다. 많은 형제들 속에서 자라며 총명하고 감성이 풍부했다. 옥스퍼드대학교 수학과 교수로 재직하기도 했다.

그의 대표 작품으로 꼽히는 「이상한 나라의 앨리스」는 그가 속했던 대학교 학장의 둘째 딸, 앨리스 리델을 위해 즉석에서 지어 들려주던 이야기였다. 이 이야기를 「땅속 나라의 앨리스(Alice's Adventures Under Ground)」라는 이름으로 엮어 앨리스 리델에게 선물하였고, 1865년에 정식으로 출간한 것이다. 이어 1871년에 「거울 나라의 앨리스」를 발표하였다. 두 작품 외에도 장편 소설 「실비와 브루노」 등을 출간하였다.

Q. 어릴 적 당신은 상상력이 풍부한 사람이었나요? 지금도 어린 시절 그러한 상상력을 가지고 있나요? 최근 꾸었던 신기한 꿈 이야기를 적어보세요.

#이상한나라 #상상 #꿈 #두려움 #용기

Alice in wonderland

By Lewis Carroll

PART
4

특별한 세상을 마주하여...

조금은 다르고, 더욱 소중한 것들

우리는 모두 다른 삶을 살아가고 있습니다. 이는 각자의 삶이 어렵고 괴로운 이유기도 하지만, 모두 다른 삶들이 모였기에 세상은 더욱 특별하고 소중합니다. 서로 다른 이들이 서로를 이해하고 받아들이고, 또 한편으로는 갈등하면서 나아가는 일은 오래도록 변치 않았던 가치 있는 과정입니다.
때로는 다름이 어려움이 되기도, 두려움이 되기도 합니다. 다름을 수용하여 다름에서 비롯된 어려움을 감당할 여유가 없을 때는 더욱 그렇습니다. 그런 우리에게 동화 속 주인공들이 나아가는 여정은 기본적인 가치를 다시 일러주곤 합니다. 서로 다른 이들이 함께 의지하며 살아가는 모습들에서 우리의 모습을 발견하고 놓치고 있던 포용과 이해를 일깨울 수 있습니다.

4-1

눈처럼, 연기처럼, 깨끗한 마음

: 오세암
정채봉

「오세암」은 표제작 '오세암'을 비롯하여 정채봉 선생의 초기 동화들을 엮은 작품입니다. 그는 동화의 독자를 어린이에 한정하지 않고 '성인 동화'라는 영역의 문학을 개척하였습니다.

각박한 세상을 겪으며 살아가는 동안 사람들은 애초에 지녔을 순수한 동심을 잊고 계산적이고 이기적으로 변합니다. 그래서 어른들에게 동심과 순수를 일깨워 주기 위한 '성인 동화'를 썼습니다. 그의 동화 속에는 화려하지 않은 아름다움, 맑고 깨끗한 공기와 같은 풍경과 마음이 들어 있습니다. 그 중 '오세암'은 다섯 살 아이가 폭설 속에서 부처의 도움으로 살아남았다는 설악산 암자의 전설을 토대로 지은 이야기입니다.

떠돌이 소년 길손이와 앞을 보지 못하는 소녀 감이. 남매는 부모를 잃고 떠돌다 스님의 도움으로 절에 머물게 됩니다. 얌전히 주방일을 돕는 누나 감이와 달리, 겨우 다섯 살 난 길손이는 갖은 장난을 치며 스님들을 방해합니다. 스님들은 화가 났고 결국 남매를 데려온 스님이 길손이와 둘이서만 절을 벗어나 낡은 암자에 머물게 됩니다.

오랜 시간 방치되었던 암자를 스님과 길손이는 정돈해 나갑니다. 그러던 중, 길손이는 암자의 골방에서 관세음보살의 초상을 발견합니다. 한 번도 어머니를 본 적 없는 길손이는 초상 속 관세음보살을 마치 어머니와 같다고 생각하여 말을 걸거나 놀이를 하며 시간을 보냅니다.

시간이 지나 어느 겨울, 스님은 장을 보러 아랫마을로 내려갑니다. 그 사이 큰 눈이 내리고 암자로 향하는 길은 막혀버립니다. 생필품도, 식량도 없는 겨울, 다섯 살 길손이 홀로 산 속 암자에 남게 된 것입니다.

길손이를 찾아 나선 스님은 산에서 조난당합니다. 다행히 마을 사람들이 스님은 구조하지만 눈이 녹고 얼음이 사라질 때까지는 암자로 갈 수도, 길손이에게 연락을 할 수도 없었습니다. 한겨울이 지나 마침내 눈이 녹자 스님과 감이는 암자로 달려갑니다.

한겨울의 추위 속에 길손이는 다치지도, 아프지도 않고 살아 있었습니다. 길손이는 관세음보살님이 밥도 먹여주고 함께 놀이도 해 주었다고 말합니다. 그 때, 관세음보살이 등장하여 길손이를 품에 안고 승천합니다. 그 순간 기적으로 감이는 시력을 되찾았고, 길손이는 마치 부처님이 열반하는 모습처럼 죽어 있습니다.

감이는 앞을 볼 수 있게 되었지만 동생을 잃었기에 기쁘지 않았습니다. 3일 뒤, 길손이의 장례식이 치러집니다. 다섯 살 아이가 부처가 되었다는 전설이 전해져 '오세암'이란 이름이 붙은 암자. 사람들은 이곳에 모여 자신의 욕심이 담긴 기도를 올립니다. 모두가 은혜를 바라는 가운데, 스님과 감이만 슬픔에 잠겨 길손이를 그립니다. 화장하여 올라가는 연기를 바라보며 저 연기를 붙잡아달라며 감이는 애타게 울음을 터트립니다.

189 내가 왜 이렇게 하얀지 궁금하게 생각하는 이들이 많은 걸 나도 알아. 그럼 어떻게 해서 하얀지, 그 비밀을 알려 달라고? 그건 간단해. 아주 쉬운 일이야. 나는 푸른 하늘을 오고 가면서 땅 위에서 벌어지고 있는 수많은 일들 가운데서 맑은 것만 가려서 보고 있어.

190 나는 이 아름다움을 오래오래 간직하고 싶어서 높은 산 위로 올라갔어.

191 물끼리 절대적으로 지키는 약속이 있습니다. 그것은 앞을 다투지 않고 순서를 지켜서 간다는 것이며, 앞을 가로막는 방해가 나타나면 실력을 모은 다음에 밀어내지, 다른 방법은 일체 쓰지 않는다는 것입니다.

192 우리는 요즈음 큰 것에 자주 놀라다 보니 작은 것들, 외로이 움직이는 것들에 대해서는 많이들 둔해졌지요. 한낮 햇살이 조찰하게 비쳐 드는 문살에 창호지 위를 사각사각 기어가는 파리의 발소리를 들은 이는 얼마나 되는지요.

193 그러면 그게 뭐가 자랑거리가 되니? 나는 작고 힘이 없는 풀씨지만 아무 데나 떨어져도 뿌리를 내리고 살지. 봄이면 솔숲 사이에서 우는 뻐꾸기 노랫소리를 들을 수 있고, 여름이면 이름을 갖지는 못했지만 작은 꽃을 피우기도 해. 살아서 바람에 흔들리는 내 이파리하고 임금님의 녹슨 칼하고 어떤 게 더 소중해?

194 그건 진짜를 정복하는 무기가 아니야. 진짜는 그런 왕관

이나 칼에 의해 정복되지 않고 위대한 영혼에 의해서 정복되는 것이야.

195 아름다움이란 꽃이 어떤 모양으로 피었는가가 아니야. 진짜 아름다움은 보는 사람에게 좋은 뜻을 보여주고 그 뜻이 상대의 마음속에 더 좋은 뜻이 되어 다시 돌아올 때 생기는 빛남이야.

196 "진주를 가졌을 때는?"
"희망을 가졌다는 뜻도 돼. 오직 그것을 위하여 힘을 쓰고 키우는 보람이 육신의 아픔을 지워 주고도 남아. 그리고 진주를 가지고 있으면 언제 어디서 죽음이 불쑥 나타나더라도 그것이 두렵지 않아. 죽음이란 그저 껍데기와 살이 죽는 것일 뿐, 진주란 보석은 영원히 빛나면서 사는 것이니까."

197 이젠 달라져야 한다. 지난날을 후회하고 한숨만 쉬고 있을 지금이 아니다. 이제부터는 지난날처럼 헛보고 헛살지 말고, 바로 보고 바로 살아야겠다. 삶은 양이 아니라 질이라는 것을 잊어버리지 말자.

198 누나, 꽃이 피었다. 겨울인데 말이야. 바위틈 얼음 속에 발을 묻고 피었어. 누나, 병아리의 가슴털을 만져본 적 있지? 그래. 그처럼 꽃이 아주 보송보송해.

199 우리 한 사람, 한 사람한테는 수많은 눈의 창문이 있단다.

200 바람은 우리 눈에 안 보여. 비, 눈, 서리는 보이지. 그러나 바람은 안 보인단 말이야. 바람의 손자국, 발자국만 보여. 굴러가는 낙엽, 흔들리는 나뭇가지, 바람이 짚고 다니는 손자국 발자국만 보인단 말이야.

201 저 연기 좀 붙들어 줘요, 저 연기 좀 붙들어 줘요…….

따뜻한 이야기 속 순수한 아이들에게 일어난 기적은 우리에게 경이로운 아름다움을 느끼게 합니다. 동시에 가슴 아픈 아련함과 여운을 남기며 씁쓸한 감동으로 이어집니다. 평범한 세상조차 아름답게 만들 수 있었던 길손이. 그러나 길손이의 맑은 마음은 사람들에게 닿지 않습니다. 어른들과는 다른 특별함이 성가시게만 느껴질 테니까요.

하지만 허황된 욕심이나 거짓된 마음 대신 깨끗한

동심을 가진 길손이는 감이의 마음의 눈이 되어줄 수 있었습니다. 스님들은 어린 길손이의 장난을 포용하지 못해 아이를 암자로 내쫓았고, 길손이의 장례식에 모인 사람들은 어린 아이의 죽음에 애도를 표하는 대신 신적인 존재의 방문을 받들며 자신의 소원을 빌기 바빴습니다.

모두가 깨끗한 마음을 가진 아이들이었는데, 어른들은 왜 그 마음을 잃고 살아가게 될까요. 특별하지만 순수한 마음을 왜 성가신 것으로 여기게 되었을까요. 정채봉 선생의 동화 속, 생생한 숨결 같은 문장들을 바라보며 당신의 특별한 마음을 다시 찾을 수 있기를 바랍니다.

정채봉

(Chaebong Jung, 1946~2001)

바닷가 마을인 그의 고향은 그의 작품 속 배경의 새, 학교, 바다, 나무, 꽃과 같은 모습으로 묘사된다. 1973년 동아일보 신춘문예 동화 부문에 「꽃다발」로 당선되어 등단하였다. 대한민국문학상(1983), 새싹문화상(1986), 한국 불교아동문학상(1989), 동국문학상(1991), 세종아동문학상(1992), 소천아동문학상(2000)을 수상하였다.

그는 아동 문학을 집필하는 동시에 쉽게 이해할 수 있지만 깊은 문장으로 심오한 세계를 다루는 '성인 동화'라는 문학을 만들어냈다. 그의 동화는 한국 동화로는 처음으로 동화집 「물에서 나온 새」가 독일에서, 「오세암」이 프랑스에서 번역 출간되었다. 그가 지은 책으로 「오세암」, 「물에서 나온 새」, 「꽃그늘 환한 물」, 「초승달과 밤배」, 「멀리 가는 향기」, 「바람과 풀꽃」 등 많은 작품이 있다.

Q. 스스로 욕심이라고 생각하는 것들이 있나요? 어린 아이가 그 욕심을 바라보면 무엇이라고 이야기할 것 같나요?

#동심 #마음 #마음의눈 #맑음 #기적 #순수함

4-2

강자를 이기는 엉뚱함과 재치

: 마틸다
로알드 달

'마틸다'는 이 동화의 제목이자 주인공인 다섯 살 여자아이의 이름으로 천재 소녀입니다. 태어나서 몇 개월 만에 이름을 쓸 줄 알았고, 두 살에 스스로 세수하고 옷을 입었습니다. 심지어 네 살에는 팬케이크를 요리해 먹을 만큼 똑똑하고 총명한 아이였습니다.

대부분 부모들은 자기 자식이 훌륭하다고 생각하지요. 하지만 마틸다의 부모님은 그렇지 않았습니다. 그들은 마틸다를 골칫덩이로 생각했습니다. 아이에게 무관심하고 책임감 없는 부모는 자신의 아이가 천재라는 사실도 알지 못했습니다.

어느 날, 마틸다는 아빠에게 책을 사 달라고 부탁합니다. TV에서 배울 것이 더 많다며 아빠는 마틸다를 무시합니다. 이 일을 계기로 마틸다는 자신과 가족들이 아주 다르다는 사실을 알게 되지요.

마틸다는 네 살에 혼자 도서관을 다니며 사서 펠프스와 가까워졌습니다. 펠프스는 책을 빌리는 방법을 알려주고 마틸다의 독서를 독려합니다. 부모님에게 독서를 이해받지 못했던 마틸다는 사서인 펠프스의 도움으로 많은 책을 읽게 됩니다. 그렇게 마틸다는 네 살에 이미 찰스 디킨스의 작품을 비롯하여 세계적인 명작을 완독합니다.

하지만 부모와의 갈등은 멈추지 않았습니다. 매일같이 반복되는 방치와 학대, 무시 속에서 살아가던 마틸다는 아빠에게 복수를 시작합니다. 아빠의 모자에 강력 접착제를 바르거나, 옆집 남자아이의 앵무새를 빌려 귀신 소동을 벌이기도 하고, 왁스에 염색약을 섞는 등 기발한 방법으로 아빠를 골탕 먹입니다.

202 엄마 아빠들은 못 말리는 사람들이다. 자기 아이가 상상할 수 없을 만큼 지독한 말썽쟁이라 해도, 부모님들 대부분은 여전히 자기 아이가 훌륭하다고 생각한다.

203 더 심한 부모님들도 있다. 그 부모님들은 자기 아이를 지나치게 숭배하여 눈이 먼 나머지, 자기 아이한테 천재적 자질이 있다고 억지로라도 믿으려 애쓰는 사람들이다. 뭐. 그렇다고 크게 잘못될 것은 없다. 그게 다 사람들이 사는 모습이니까. 다만, 한심한 자기 아이를 부모님들이 똑똑하다고 자랑하기 시작할 때, 우리는 이렇게 소리치고 만다.

"어이, 여기 양동이 하나 갖다 줘, 토할 것 같아."

204 마틸다는 책을 읽으면서 엄마, 아빠는 결코 볼 수 없었던 인생을 바라보는 눈을 열었다. 만약 엄마 아빠가 디킨스와 키플링의 책을 조금이라도 읽는다면, 인생에는 사람을 속이거나 텔레비전을 보는 것보다 더 많은 것이 담겨 있다는 것을 발견하게 될 텐데.

205 훌륭한 작가는 독자를 언제나 그렇게 느끼게 만들지. 그리고 네가 이해할 수 없는 부분에 대해서는 걱정하지 마라. 의자에 깊숙이 앉아서, 그냥 그 말들이 네 온몸을 촉촉하게 적시게 내버려 두는 거야. 음악처럼 말이다.

206 자기 방으로 뜨거운 음료를 들고 올라가 텅 빈 집의 조

용한 방에서 오후 내내 책을 읽으며 보낸다는 것, 그러다 가끔씩 곁에 있는 뜨거운 코코아를 홀짝인다는 것은 크나큰 기쁨이었다.
마틸다 역시 책을 통해서 새로운 세계를 여행했고, 아주 흥미로운 삶을 살아가는 놀라운 사람들을 만났다.

마틸다는 '크럼첌 학교'에 입학합니다. 그곳의 교장 트런치불 선생님은 아이들을 아주 싫어했습니다. 다행히 마틸다의 담임인 하니 선생님은 아이들을 이해하고 마틸다의 천재성을 알아보았습니다. 하니 선생님은 마틸다를 상급반으로 보내기 위해 교장과 마틸다의 부모님을 찾아가지만, 그들은 전혀 관심이 없었습니다.

마틸다는 상급반에 가는 대신 하니 선생님과 함께 공부하게 됩니다. 마틸다는 하니 선생님과 달리 학생들을 못살게 괴롭히던 교장 선생님에게 복수하려고 합니다. 이때, 손대지 않고 컵을 쓰러트리는 초능력을 발견합니다. 교장 선생님이 어린 시절 하니 선생님을 괴롭히고 집까지 빼앗았다는 사실을 알게 된 마틸다는 초능력으로 교장 선생님을 쫓아내고 하니 선생님의 집과 재산을 되찾습니다.

교장이 사라지자 마틸다는 상급반 공부를 할 수 있

게 되었습니다. 어려운 공부를 하면서 마틸다의 초능력은 사라져버렸지요. 나쁜 방법으로 돈을 벌던 아빠는 가족들과 함께 스페인으로 도망치려 합니다. 하지만 마틸다는 가족과 함께하지 않고 하니 선생님과 함께 살기로 합니다.

207 하니 선생님은 난생 처음 교실로 떼 지어 들어가 지시에 따르라는 말을 듣는 아이들의 당혹감을 이해하고 있는 것 같았다.

208 하니 선생님의 마음속에는 희망이라는 나무가 싹을 틔우고 더 넓게 가지를 뻗어나가기 시작했다. 방과 후에 자신이 마틸다를 개인 지도할 수 있도록 마틸다의 부모님에게 허락을 구해 볼 생각을 했던 것이다. 이같이 총명한 아이를 가르친다는 것은 선생이라는 직업적인 본능을 크게 자극하는 일이었다.

209 하니 선생님은 이런 사람들과 상대할 때는 침착성을 잃지 말아야 한다고 마음을 다졌다.

210 교장 선생님도 분명히 한때는 작았던 적이 있었잖아요.

211 "너는 어린이 책이 반드시 재미있어야 한다고 생각하니?"
"네, 선생님. 어린이들은 어른들만큼 심각하지 않고, 또 웃는 것을 좋아하거든요."

212 너는 성격이 너무나 강한 사람에게 그런 식으로 완전히 지배당한다는 것이 어떤 것인지 상상도 못할 거야. 사람을 마치 젤리처럼 흐물흐물하게 만들어 버리지.

213 여러분이 마틸다와 우연히 만나서 이야기를 나눠 보면, 이 아이가 지극히 평범한 다섯 살 꼬마라고 느낄 것이다. 이것이 바로 마틸다의 장점이다. 마틸다는 자신의 비범함을 겉으로 드러내지 않았으며 결코 뻐기는 법이 없었다.

214 꼬투리를 잡히지 않으려면 절대로 어중간하게 해선 안 돼. 상상을 초월해야 해. 그러니까 철저하게 해 버리는 거야. 너무나 미친 짓이라서 도저히 믿을 수 없을 정도로.

마틸다는 나쁜 어른들에게 복수하고 그들을 혼내주는 어린 아이입니다. 하지만 어린 아이는 싸우기 위한 힘도 능력도 부족합니다. 어른과 달리 할 줄 아는 것도 책임질 수 있는 것도 많지 않습니다. 강자인 어른들이 지배하는 세상은 폭력적이고 불공평하며, 합리적이지 못합니다. 그러나 어린이들은 강자인 어른을 벗어날 수 없고, 그들을 상대로 승리하기도 쉽지 않습니다.

우리 모두는 어른과 어린이의 싸움 속, 약자였던 시절을 지나왔습니다. 어른이 된 지금도 어떤 싸움에서는 약자일 수밖에 없겠지요. 어리기 때문에, 결국 강자에 비해 약하기 때문에, 우리는 아파할 수밖에 없습니다. 과거의 하니 선생님이 그랬던 것처럼 복종하고 포기하는 수밖에 없습니다.

하지만 마틸다는 그들이 무분별하게 휘두르는 권력과 부당함에 맞섭니다. 마틸다만의 특별한 능력을 활용한 엉뚱하고 재치 있는 복수로요. 다르고 약하지만, 그래서 특별한 마틸다의 이야기. 그 아이의 이야기에서 우리 모두 용기를 얻을 수 있을 것입니다.

로알드 달

(Roald Dahl, 1916~1990)

영국 왕립공군의 전투기 조종사로 전쟁에 참전하였는데 1940년 이집트에 격추당해 리비아 사막에 불시착하여 가까스로 살아남은 일에 충격을 받아 글을 쓰게 되었다. 1940년대 초반부터 작가로서 이름이 알려지기 시작해 1990년대까지 세계적인 베스트셀러 작품을 다수 발표하였다. 그는 특히 아동소설을 다수 집필하여 어린이들이 가장 사랑하는 작가로 꼽힌다.

대표적인 아동문학 작품 「제임스와 슈퍼 복숭아」, 「내 친구 꼬마 거인」, 「찰리와 초콜릿 공장」, 「마틸다」 등은 영화로도 만들어졌다. 그는 아동문학 외에도 성인소설, 공포, 추리, 판타지, 시 등 다양한 작품을 썼고, 텔레비전 시리즈물 시나리오 작업을 하기도 하였다. 그의 단편소설 「남쪽에서 온 남자」 등은 특히 블랙유머와 반전결말로 유명하다.

Q. 정의롭지 못한 일을 당했던 적이 있나요? 그 일을 어떻게 극복했는지, 경험을 적어보세요.

#특별함 #재치 #능력 #여림 #강인함 #독서

4-3

혼자서는 살아남을 수 없는 인생이란 초원

: 푸른 사자 와니니

이현

「푸른 사자 와니니」는 3권으로 구성된 장편 동화입니다. 이야기의 무대는 초원이며, 주인공은 초원을 살아가는 동물들입니다. 첫 번째 이야기의 주인공인 와니니는 왜소하여 무리에 적응하지 못한 암사자입니다. 무리의 우두머리인 와니니의 할머니는 무리에서 떠나라며 와니니를 드넓은 초원에 홀로 남겨둡니다. 와니니는 살아남기 위해 최선을 다합니다. 미친 사자라는 비웃음까지 들어가며 살아가던 어느 날, 와니니는 두 마리의 수사자 아산테와 잠보를 만나 함께 살아가기 시작합니다.

이들과 함께 지내며 와니니는 점차 사냥을 잘하게 됩니다. 포용적인 태도와 사냥 기술을 겸비한 와니니는 사자 무리의 우두머리로 성장합니다. 와니니와 함께하던 사자들이 그를 무리의 우두머리로 인정한 것이지요. 우두머리가 된 와니니는 척박한 건기를 이겨내기 위해 무리를 이끌어 초원 끝까지 나아가기도 하고 영토 전쟁에서 수사자 아산테를 잃기도 합니다. 그리고 어린 시절 쫓겨난 무리에서 와니니를 다시 받아주려 하지만, 약한 존재를 쫓아내버리는 무리에 실망한 와니니는 돌아가지 않기로 결정합니다.

두 번째 이야기는 와니니가 성장하며 무리를 단단히 결속해나가는 과정을 그립니다. 새롭게 무리를 이룬 그들에게는 영토가 필요했습니다. 초원의 모든 생명이 혹독하게 죽음에 맞서는 건기. 와니니 무리는 '이제 어떻게 하지', '어디로 가지' 질문만 되풀이합니다.

그러던 와중, 인간에게 엄마 사자를 잃은 어린 암사자 마이샤를 무리 일원으로 받아줍니다. 주눅 든 어린 수사자 바라바라도 무리에 들여 함께하기로 합니다. 그들은 마음껏 사냥하고 마음 놓고 살아갈 수 있는 땅을 찾기 위해 초원을 떠돌며 여러 동물과 함께합니다. 심지어 큰불을 만나기도 하고 그 불의 원흉이었던 '걷는 자들', 인간을 마주하기도 합니다. 긴 여정과 힘겨운 싸움을 거친 끝에 와니니 무리는 검은 땅의 주인이 됩니다.

215 말라이카는 지금 죽음과 싸우고 있어. 이겨내기 힘든 싸움이야. 하지만 넌 더 힘든 싸움을 해야 한단다. 초원에서 홀로 살아남는 일은 죽음과 싸우는 일보다도 힘들지. 우리는 우리 딸들이 쉽게 무릎 꿇지 않기를 바랄 뿐이야.

216 초원의 모두는 언젠가 죽게 되지. 말라이카도 너도 마찬가지야. 그게 오늘일지 내일일지 아무도 몰라. 그러니 오늘 네가 할 일을 해. 그럼 내일이 올 거야. 그것이 초원의 법이다.

217 서로 도우며 살아남았다. 다치고 쫓겨나고 버림받은 처지지만 서로 힘이 되어 주며 여기까지 왔다.

218 영토를 가지면 언젠가는 큰 싸움이 나게 마련이에요. 누군가 그 영토를 탐낼 테고, 누군가는 그 영토를 지키려 할 테니까요. 풍요로운 영토일수록 싸움은 격렬해지겠죠. 난 무투처럼 남의 영토에 쳐들어가서 다른 사자들을 해치기 싫어요. 영토와 가족들을 빼앗기기도 싫고요. 어쩌면 이렇게 떠도는 편이 나은지도 몰라요.

219 마음이란 참 이상했다. 굶어 죽지 않기만 바랐는데, 정말

그렇게 되자 배불리 먹고 싶어졌다. 그 바람이 이루어지자 이제는 영토를 갖고 싶었다.

220 초원 어디에도 쓸모없는 것은 없었다. 하찮은 사냥감, 바닥을 드러낸 웅덩이, 썩은 나뭇등걸 역겨운 풀, 다치고 지친 떠돌이 사자들……. 마비다가 쓸모없다고 여길 그 모든 것들이 지금껏 와니니를 살려주고 지켜주고 길러 주었다. 쓸모없는 것은 하나도 없다는 사실을 알려주었다.

221 와니니 무리는 그리 용맹하지 않지만, 늘 함께해 왔다. 강해서 함께하는 게 아니었다. 약하고 부족하니까 서로 도우며 함께하는 거였다. 그게 친구였다. 힘들고 지칠 때 서로 돌봐 주는 것, 와니니들은 그것이 무리 지어 사는 이유라고 믿고 있었다.

222 물도, 먹이도, 무리도, 힘도, 초원에서는 그 무엇도 마음먹은 대로 되지 않는다. 초원의 동물들이 마음먹은 대로 가질 수 있는 것은 오직 하나, 희망이다.

223 어떻게 살지, 어떻게 죽을지 선택하는 건 우리 자신이야. 그게 진짜 초원의 왕이야.

224 사냥은 원래 그런 거야. 실수는 크고 행운은 작아. 실패하는 날이 더 많아. 이제부터 배우면 돼.

225 이따금 그런 날이 있다. 행운이 아니고서는 도저히 계속 살아갈 방법이 없는 날. 사자라도, 코끼리라도, 제아무리 강해도, 제아무리 애써도, 도저히 안 되는 날이 있다. 초원의 어느 동물에게나 있는 일이다. 그럴 때 누군가는 행운의 도움으로 계속 살아가고, 누군가는 쓸쓸히 초원으로 돌아가게 된다.

226 비극은 끝났다. 더 이상 미움도, 분노도 없어. 그런 걸 짊어지려 들다간 삶이 얼마나 무겁겠느냐? 결코 가볍게 걸을 수 없지.

세 번째 이야기에 이르러 검은 땅을 지키기 위한 와니니 무리의 생활이 계속됩니다. 땅을 갖게 되어도 살아가기 위한 고민은 끝나지 않았고 영역을 지키기 위한 경계와 싸움을 이어가야 했습니다.

수상한 암사자 나펜데를 시작으로 들개 무리와 하이에나 무리가 와니니의 검은 땅을 넘보기 시작합니다. 와니니 무리는 지혜와 용기를 동원하여 자신들의 검은 땅을 지키고자 합니다. 무리의 모두를 잃지 않고 땅을 지켜낸 와니니의 이야기는 끝나지 않았다고 합니다. 네 번째, 다섯 번째 이야기로 와니니의 이야기와 생명은 계속해서 뻗어나갈 예정입니다.

227 와니니 무리가 한자리에 모였다. 그것만으로 충분했다. 어떤 어려움도 이겨낼 수 있을 것이다. 설사 어려움이 계속되더라도 함께하고 있다면 괜찮을 것이다. 어려운 날은 지나가게 마련이니까. 좋은 날이 그런 것처럼.

228 초원에서는 그 어떤 동물도 혼자서는 살 수 없다. 누구나 다른 동물을 돕는다. 언제나 서로를 돕고 있다. 그것이 초원의 가장 큰 뜻이다. 초원은 그렇게 만들어졌다.

229 잊지 마. 두려움을 보여서는 안 돼. 두려움 없는 눈이 암사자의 가장 큰 힘이야.
용감하게 맞서되 무모하지는 마라.

230 우기와 건기가 갈마들 듯, 기쁜 날과 어려운 날이 번갈아 찾아온다.

3권에 이르는 긴 와니니의 이야기는 우리에게 꾸준히 함께하는 '우리'의 강인함과 내가 나로서 존재하고 살아가는 삶의 중요성을 알리고 있습니다. 저마다 다른 개성과 특징, 삶의 방식을 갖고 있는 동물들이 함께 살아가며, 서로를 돕고, 때로는 상처를 주고받고, 또 용서하기도 하며 자신의 생과 사를 결정하며 살아가는 모습. 그들의 모습은 우리의 삶과도 닮은 점이 있습니다. 틀린 삶의 방식은 없는데도 항상 어려움과 고통을 마주하며 낯선 세상의 모습에 상처받고 괴로워하는 우리의 삶과요.

그럼에도 불구하고 우리는 스스로 선택한 삶을 살아갑니다. 가장 우리다운 방법으로, 세상의 행운과 누군가의 도움으로 용기를 얻으면서요. 자신에 대해 잘 이해하고 상대와의 차이까지 포용할 수 있을 때, 우리는 더 큰 어려움까지 견뎌낼 수 있는 단단한 사람으로 성장하게 될 것입니다. 이 동화는 끊임없이 스스로를 찾고, 타인을 이해하며 성장하는 과정을 그립니다. 와니니의 여정은 당신에게 하나의 이정표가 될 수 있을 것입니다.

이현

(Yi Hyeon, 1970~)

이현 작가는 단편 「기차, 언제나 빛을 향해 경적을 울리다」로 2004년 제13회 전태일문학상 소설부문에 수상하였다. 2006년에는 「짜장면 불어요」라는 작품으로 제10회 좋은 어린이책 창작부문 대상을 수상하였고, 2008년에 제16회 대산창작기금, 2012년 제2회 창원아동문학상을 수상하였다.

대표 작품으로는 「오늘의 날씨는」, 「플레이 볼」, 「푸른 사자 와니니」 등이 있다. 2022년 한스 크리스티안 안데르센상 한국 후보에 올랐다.

Q. 당신은 스스로에 대해 잘 알고 있나요? 스스로에 대한 이해가 타인에 대한 포용까지 이어질 수 있음을 느끼고 있나요?

#모습 #이해 #친구 #가족 #삶 #영토 #삶의방식

4-4

머뭇거리는 순간에 필요한 용기

: 갈매기에게 나는 법을 가르쳐준 고양이
루이스 세뿔베다

제목 그대로 갈매기와 고양이가 주인공으로 등장하는 이 동화에는 '8세부터 88세까지 읽는 동화'라는 부제목이 붙어 있습니다. 가장 먼저 등장하는 주인공, 갈매기 '켕가'는 기름에 오염된 바닷물에 날개가 젖어 죽어갑니다. 인간들의 욕심과 만행으로 죽게 된 켕가는 생애 마지막 비행을 하던 중, 소르바스라는 고양이 곁에 떨어집니다. 소르바스가 혀로 기름을 닦아주고 동료들을 모아 기름을 제거하려 했지만, 켕가는 소르바스와 세 가지 약속을 한 뒤 알 하나만을 남기고 죽어버립니다. 첫째, 자신의 알을 먹지 않기. 둘째, 알을 보호해 주기. 셋째, 태어난 새끼 갈매기에게 나는 법을 알려주기.

소르바스는 고양이의 명예를 걸고 알을 품었습니다.

다른 고양이 친구들이 먹이를 가져다주고 필요한 지식을 백과사전에서 얻어 알려줍니다. 20일가량 알을 품자, 아기 갈매기가 태어납니다.

소르바스는 아기 갈매기에게 '행운아'라는 뜻으로 '아포르투나다'라는 이름을 붙여줍니다. 소르바스는 벌레를 잡아 먹이며 아포르투나다를 소중히 기릅니다. 고양이들과 함께 백과사전을 뒤지며 아포르투나다에게 비행기술을 가르치려 하지만 번번이 실패합니다. 고양이들은 인간의 언어를 할 수 있지만, 고양이의 세계에는 '인간과 언어소통을 하는 것은 절대 안 된다'는 불문율이 있습니다. 인간은 믿음직하지 못하기 때문이지요.

그런데 소르바스와 고양이들은 이 규칙을 깨트리고 아포르투나다를 도와줄 수 있는 인간을 찾습니다. 한 명 한 명 인간을 검토하여 마침내 고양이들은 시인을 선택합니다. 시인은 새의 날개로 나는 법은 모를 테지만, 시인의 시를 들으면 하늘을 붕붕 날아다니는 느낌이 들기 때문이었지요.

231 그러나 약속은 약속이다. 약속은 지켜야 한다.

232 인간들이란 자신과 다른 존재를 인정하지도 않을뿐더러 인정하려는 노력조차 하지 않기 때문이다.

233 이 항구에서는 고양이 한 마리의 문제가 곧 항구 고양이 전체의 문제니까.

234 네가 고양이가 되고 싶다고 했을 때, 우리 중 그 누구도 반박하지 않았지. 네가 우리처럼 되고 싶다는 말이 우리를 신나게 했기 때문이야. 그러나 너는 우리와는 달라. 하지만 네가 우리와 다르다는 사실이 우리를 기쁘게도 하지.

235 너를 고양이처럼 만든다는 생각은 추호도 없었단다. 우리들은 그냥 너를 사랑하는 거야.

236 우리들은 네 친구이자, 가족이야. 우리들은 네 덕분에 많은 자부심을 가지게 됐고, 많은 것을 배웠다는 것도 알아줬으면 좋겠구나.

237 우리와 같은 존재들을 받아들이고 사랑하고 인정한다는 것은 아주 쉬운 일이야. 하지만 다른 존재를 사랑하고 인

정한다는 것은 쉬운 일이 아니지.

238 너는 갈매기야. 고양이가 아니야. 그러니 너는 갈매기의 운명을 따라야 해. 네가 하늘을 날게 될 때, 비로소 진정한 행복을 느낄 수 있을 거야. 그리고 네가 우리에게 가지는 감정과 너에 대한 우리의 애정이 더욱 깊고 아름다워질 거란다. 그것이 서로 다른 존재들끼리의 애정이지.

239 너는 우리와 달라, 틀린 것이 아니라 그저 다른 것이야. 그리고 넌 할 수 있어. 숨을 크게 쉬고 너의 주변을 느껴 봐.

고양이들이 선택한 시인은 아포르투나다에게 시를 지어주며 격려합니다. 소르바스도 아포르투나다에게 사랑을 표현하며 응원합니다. 그리고 시인은 아포르투나다를 데리고 소르바스와 함께 성당 꼭대기로 올라갑니다.

높은 곳에 오르자 처음에는 겁먹고 두려워하던 아포르투나다는 곧 용기를 내 상공을 향해 힘차게 날아갑니다. 하늘을 자유롭게 비행하게 된 아포르투나다. 아기 갈매기의 그 모습을 소르바스와 시인은 감격 어린 눈으로 바라봅니다. 그들은 마침내 그들의 역할을 다했고 약속을 지켰습니다. 그리고 이 순간, 작은 새끼 갈매기가 마침내 날고자 마음먹고 용기를 내 날아올랐으니까요.

240 그들은 고양이 특유의 인내심을 발휘하여 어린 갈매기가 날고 싶다는 의지를 직접 드러낼 때까지 끈덕지게 기다렸다. 왜냐하면 난다는 것은 지극히 개인적인 결정에 달린 문제라는 것을 고양이들은 조상들의 교훈을 통해 이미 깨닫고 있었기 때문이다. 그것은 강요나 억지가 아니라 자발적으로 결정해야 할 문제였다.

241 누구든 첫 번째에 성공하는 법은 없지. 너는 곧 성공하게 될 거야. 실망하지 마. 내가 약속하지.

242 너는 틀림없이 날 수 있어. 숨을 크게 쉬거라. 빗물을 온몸으로 느껴 봐. 그냥 물이란다. 너는 살아가면서 많은 것들로 인해 행복을 느낄 거야. 어떤 때는 물이라는 것이, 어떤 때는 바람이라는 것이, 또 어떤 때에는 태양이라고 부르는 것이 바로 그런 것들이란다. 그런데 이 모든 것들은 비가 내린 다음에 찾아오는 것들이지. 일종의 보상처

럼 말이야. 그러니 자, 이제 비를 온몸으로 느껴 봐. 날개를 쫙 펴고 말이지.

243 날개만으로 하늘을 날 수 있는 건 아냐. 오직 날려고 노력할 때만이 날 수 있는 거지.

이야기 속 고양이, 갈매기, 인간은 모두 다른 존재입니다. 고양이는 아기 갈매기의 다름을 기꺼이 받아들이고 사랑하였으며, 그 '다름'을 '특별함'이라고 말해 줄 수 있었습니다. 그래서 작고 어린 갈매기는 자신의 길을 찾아 나설 수 있었지요. 내가 당신에게, 당신이 우리에게, 어른이 아이에게, 누군가가 또 다른 누군가에게. 그리고 인간이 다른 존재에게. 서로의 다름을 인정하고 포용해 주는 일은 결국 우리 모두를 살아가게 합니다.

이야기 속에서, 엄마 갈매기 켕가의 죽음을 가져온 것은 인간이었습니다. 하지만 또 다른 존재인 고양이들은 켕가를 살리고자 하였고, 그와의 약속을 지켜 아기 갈매기를 사랑하며 길렀지요. 또 다른 인간인 시인은 고양이의 부탁을 듣고 아기 갈매기의 비행을 도와줍니다.

다른 존재에 대한 포용과 사랑은 우리 삶의 많은 것을 바꾸고 해결할 수 있을 것입니다. 어쩌면 우리 자신을 사랑하는 다른 하나의 방법인지도 모릅니다. 이야기의 작가는 다른 종족 간에서, 또 같은 종족 내에서의, 그리고 부모와 자식, 어른과 아이 사이의 '다름'에 대한 이해와 배려를 우리에게 짚어주고 있습니다.

루이스 세뿔베다
(Luis Sepulveda, 1949~2020)

칠레에서 태어난 라틴 문학계를 대표하는 작가이다. 반정부활동을 주도하다 투옥되기도 하였으며, 피노체트의 독재를 피해 망명한다. 수년 동안 아메리카 전역을 여행하며 다양한 일을 하다가 1980년에 독일로 이주, 파리를 거쳐 스페인에 거주하면서 작품활동을 하였다. 그는 유네스코와 그린피스 회원으로 활동하며 환경 문제나 소수민족보호와 같은 인류 문제에 관심을 가졌다. 다양한 장르의 문학작품 활동 속에 사회문제들에 관심을 촉구하는 메시지가 녹아 있다.

그의 대표 작품으로는 「연애 소설을 읽던 노인」, 「어느 감상적인 살인자의 일기」, 「세상 끝으로의 항해」 등이 있다. 정치적 탄압으로 사라진 실종자와 가족들의 아픔을 다룬 영화 「어디에도 없다」(2002)를 기획하여 감독하기도 했다. 수상 내역으로는 독일 NDR 최우수 외국인작가상, 스페인 티그레 후안상 등이 있다.

Q. 날기 직전 머뭇거리는 나에게 용기를 북돋아 줄 수 있는 말을 남겨보세요. 언젠가 다시 들춰 보았을 때 큰 힘이 될 거예요.

#다름 #날개 #도전 #성장 #노력 #약속

The Story of a seagull
and a cat who taught her to fly
By Luis Sepulveda

4-5

다름을 향한 시선

: 아름다운 아이

R.J. 팔라시오

이 동화의 원제는 '원더(Wonder)'입니다. 이야기의 주인공은 선천적 안면기형으로 태어난 '어기'라는 애칭을 가진 소년 '어거스트 풀먼'입니다. 어기를 본 사람들은 재빨리 눈을 돌렸고 아이들은 비명을 지르곤 했습니다. 그래서 어기는 2년 동안 우주 비행사 헬멧을 쓰고 다니기도 했습니다.

스물일곱 번의 수술로 학교에 다니는 대신 집에서 엄마와 함께 공부합니다. 하지만 어기가 열 살이 되자 부모님은 가족의 보호 속에서만 아이를 자라게 할 수는 없다며 어기를 학교에 보내기로 결정합니다. 이야기는 이렇게 시작된 어기의 초등학교 5학년 5반 학교생활의 사건을 보여줍니다.

어기는 다른 아이들과 다를 바 없는 평범한 아이였습니다. 학교에서 어기는 몇 명의 친구를 만들기도 했습니다. 하지만 작은 차이를 낯설게 느낀 아이들은 어기를 놀리거나 피하기 바빴습니다. 어기가 학교에서 유일하게 당당할 수 있는 날은 핼러윈 데이. 어기는 가면을 써 얼굴을 가리고 학교에 갑니다. 그런데 그날, 어기가 친구라고 생각했던 '잭'이 어기를 알아보지 못하고 어기의 험담을 합니다. 이 일은 어기에게 큰 충격이 되어 며칠 학교를 나가지 못하게 됩니다.

244 **내 생각은 이렇다. 내가 평범하지 않은 이유는 단 하나, 아무도 나를 평범하게 보지 않기 때문이다.**

245 **왜냐하면 이게 현실이니까요. 우리는 어기가 현실에 대처하는 법을 배우도록 도와줘야만 해요.**

246 **다들 너만큼이나 긴장하고 있어. 오늘은 누구한테나 첫날이라는 사실을 잊지 마.**

247 **365일이 핼러윈이면 좋겠다. 그러면 누구나 항상 가면을 써도 된다. 그러면 마음껏 돌아다니면서 가면 속의 얼굴**

을 보기 전에 서로에 대해 알 수 있을 텐데.

248 때로는 잔뜩 걱정했던 일이 별일도 아닌 걸 알고 나면 참 우습다.

249 우리가 행한 일들은 그 무엇보다 중요하다. 우리가 한 말이나 보이는 모습보다 더 중요하다. 우리가 행한 일들은 우리가 죽은 뒤에도 지속된다. 우리가 행한 일들은 영웅이 죽은 뒤 그들을 기리기 위해 사람들이 만드는 묘비와도 같다.

250 중요한 건 우리 모두 그런 나쁜 날들을 견뎌내야만 한다는 거야. 죽을 때까지 아기 취급 받고 싶지 않으면, 아니, 특별한 도움이 필요한 아이로 남고 싶지 않으면 받아들이고 이겨내야 해.

251 그냥 느끼는 거야. 사랑하기 위해 꼭 눈이 필요한 건 아니잖아, 그렇지? 그냥 마음으로 느끼는 거야. 하늘나라에서도 그럴 거야. 사랑이란 그런 거야. 아무도 사랑하는 사람을 잊지 않아.

252 꼭 나쁜 마음을 먹어야만 다른 사람의 마음을 다치게 하는 게 아니야, 알겠니?

어기의 학교생활은 어기의 누나 비아, 친구인 잭과 서머, 그 외에도 어기의 주변에서 살아가는 저스틴, 미란다 등의 다섯 인물과 엮이며 벌어집니다. 그 외에도 교장 선생님, 어기의 부모님 등 다양한 사람들이 어기와 함께합니다.

작가는 다른 인물들의 시점에서 어기가 겪은 사건을 보여주는 또 다른 작품을 시리즈로 집필하여 사건을 다양한 각도에서 조명하며 각자의 삶에서 이야기를 바라볼 수 있도록 합니다. 어기와 친구들은 각자의 입장에 놓인 채 서로 상처를 주고, 좌절시키고, 때로는 위로하고, 용기를 주며 살아갑니다. 그저 평범한 모습으로요. 그 속에서 싸우기도 화해하기도 하고 갈등을 겪으며 서로를 이해하기도 하며 어기와 주변 사람들은 성장해갑니다.

그렇게 1년이 지나고, 어기는 종업식에서 우등생 메달을 당당히 목에 걸고 기립박수를 받으며 5학년 생활을 마무리합니다.

253 필요 이상으로 친절하려고 노력하라. 친절한 것만으로는 충분치 않기 때문입니다. 우리는 필요 이상으로 친절을 베풀어야만 합니다. 특히 이 말, 이 개념을 좋아하는 까닭은, 인간으로서 우리가 지니고 살아야 할 것이 무엇인지 일깨워 주기 때문입니다. 여유가 있어서 친절을 베푸는 게 아니라, 친절을 선택한다는 말입니다.

254 친절이란. 참으로 간단한 일. 누군가 필요로 할 때 던져줄 수 있는 따뜻한 말 한마디. 우정 어린 행동. 지나치다 한 번 웃어주기.

255 위대함은 강함에 있는 것이 아니라, 힘의 올바른 사용에 있다. 그의 힘이 모두의 마음을 감동시키는 자가 가장 위대한 사람이다.

256 어쩌다 휠체어를 탄 사람이나 말을 못하는 사람을 보고, 내가 저 사람이라면 어떤 느낌일까 아무리 생각해 봐도 도무지 상상이 안 되는 것과 똑같다. 다른 사람들에게는 내가 바로 그 사람이며, 지금 강당 안을 가득 채운 모든 사람들에게도 마찬가지일 거다. 하지만 나에게는, 나는 그냥 나일뿐이다. 평범한 나.

257 누구나 살면서 적어도 한 번은 기립박수를 받아야 한다. 우리는 모두 세상을 극복하니까.

우리에게는 같음과 다름, 공통점과 차이점, 평범함과 특별함이 공존합니다. 그 속에서 우리는 색안경을 끼거나 경계하며 타인을 마주합니다. 또는 누군가의 낯선 시선을 받아들이게 되기도 합니다. 우리 주변에는 수많은 '어기'들이 존재합니다. 우리도 언젠가는 누군가에게 낯선 '어기'일 수 있습니다.

이러한 시선은 삶을 지치게 만들고 우리를 나약하게 만듭니다. 누군가에게는 넘을 수 없는 벽이 되기도 합니다. 이 동화는 우리 자신의 모습에 대해서, 우리가 받아온 시선과 태도에 대해서, 우리가 행한 말과 행동에 대해서, 무엇을 바꾸어야 하는지 알려줍니다. 우리 모두의 더 나은 삶과 미래를 위해서요. 당신은 그저 당신일 뿐이며, 타인은 그저 타인일 뿐입니다. 우리 모두, 그저 자기 자신으로서 살아갈 뿐입니다. 이 세상 속에서 남들과 다를 바 없이, 그리고 각자 조금은 특별하게요.

살아가며 누군가와 상처를 주고받는 일은 필연적입니다. 하지만, 당신이 누군가에게 기울어진 시선보다는 따뜻한 친절을 받기를. 또한, 기울어진 시선 대신 친절한 말을 건넬 수 있기를. 그렇게 더 나은 삶을 만들어가기를. '어기'와 작가는 말해 주고 있습니다.

R.J. 팔라시오

(Raquel Jaramillo Palacio, 1963~)

R. J.팔라시오는 뉴욕 시에서 태어나고 자랐으며, 예술 및 디자인 고등학교를 다녔다. 앙투안 드 생텍쥐페리나 모리스 샌닥 같은 자신이 좋아하는 작가이자 일러스트레이터들의 뒤를 따르기를 바라며 파슨스 디자인 스쿨에서 일러스트레이션을 전공하였다. 현재, 낮에는 그래픽 디자이너로 일하고 밤에는 글을 쓰는 작가이며, 전 세계적인 베스트셀러 「아름다운 아이」를 썼다. 이 작품은 45개 나라에 번역되어 500만 부 이상 팔렸으며, 줄리아 로버츠 주연의 영화 '원더'로 제작되기도 하였다.

국내에 출간된 그의 작품으로는 「우린 모두 기적이야」, 「아름다운 아이」, 「아름다운 아이 줄리안 이야기」, 「아름다운 아이 크리스 이야기」, 「아름다운 아이 샬롯 이야기」, 「원더」, 「원더 365」, 「화이트 버드」가 있다.

Q. 타인의 시선을 의식하기 시작하면서 자신의 모습을 잃어가고 있지는 않나요?

#친절 #변화 #인식 #우정 #편견 #용기 #차이 #평범함

PART
5

소중한 이들을 떠올리며...

사랑과 온기의 힘

우리의 삶은 사랑으로 가득합니다. 모두 크고 작은 사랑 속에서 자라 왔습니다. 누군가의 사랑과 온기, 그리고 작은 친절들이 모이지 않았더라면 세상은 하나의 세상으로 이루어질 수 없었을 것입니다. 사랑과 온기는 익숙해지기 쉽고 또 잊어버리고 살기도 쉽습니다. 하지만, 그런 가치가 가장 빠르게 우리의 삶을 변화시키고 우리를 성장하게 만들었습니다.

동화는 다양한 사랑의 모습을 보여줍니다. 가족, 친구, 연인……. 단순한 단어로 정의되지 않는 수많은 관계와 소중한 이들의 모습을 보여줍니다. 그 모습은 우리에게 소중한 누군가를 떠올리게 하고, 우리가 받았던 사랑과 온기를 되새기게 합니다. 동화 속 사랑스러운 이들의 관계 속에서 익숙해졌던, 혹은 소중히 간직해 두었던 사랑을 다시 한번 되새길 수 있습니다.

5-1

내가 너의 바다를 찾아줄게

: 긴긴밤
루리

「긴긴밤」은 세상에 마지막 하나 남은 흰바위코뿔소의 이야기에서 시작됩니다. 소중한 이들을 모두 잃고 마지막 남은 하나가 된 흰바위코뿔소 '노든'과 어린 펭귄이 함께 바다를 찾아가는 여정이 이야기의 주를 이룹니다.

노든은 코끼리 고아원에서 태어나 코끼리들과 함께 자랐지만 자신의 정체성을 찾아 코끼리들 곁을 떠납니다. 노든은 곧 코뿔소들을 만나 결혼도 하고 딸도 낳게 되지만, 코뿔소의 뿔을 노리는 사냥꾼들에게 가족을 잃습니다. 노든은 다리를 다쳐 동물보호단체의 치료와 보호를 받지만 원래 살던 곳이 아닌 동물원으로 가게 됩니다. 인간에 대한 복수심을 품고 살아가던 어느 날 전쟁이 일어나 노든이 갇혀 있던 동물원이 불타버립니다. 노든은 알을 가진 펭귄 '치쿠'와 함께 동물원을 탈출합니다.

노든과 치쿠의 목적지는 바다였습니다. 초원과 사막에서는 펭귄이 살아갈 수 없었으니까요. 하지만 바다로 가는 너무나 멀고 험한 길을 견디지 못한 치쿠는 도중에 죽고 맙니다. 치쿠의 죽음 이후, 알에서는 무사히 어린 펭귄이 태어납니다. 노든과 어린 펭귄은 다시, 바다를 향해 나아갑니다.

모든 것을 잃었던 노든과 태어난 순간부터 혼자일 수밖에 없었던 어린 펭귄. 이들은 서로의 마음을 지켜주고 노든은 최선을 다해 어린 펭귄을 돌보며 나아갑니다. 밤은 길고 또 길며, 세상은 험난하고 외롭습니다. 하지만, 곁을 지켜주는 이가 있다는 사실은 기적과 같았습니다.

258 눈이 보이지 않으면 눈이 보이는 코끼리와 살을 맞대고 걸으면 되고, 다리가 불편하면 다리가 튼튼한 코끼리에게 기대서 걸으면 돼. 같이 있으면 그런 건 큰 문제가 아니야.

259 노든은 한 존재가 다른 존재에게 해 줄 수 있는 모든 것을 내게 주었다.

260 더 넓은 세상으로 가. 네가 떠나는 건 슬픈 일이지만 우리는 괜찮을 거야. 우리가 너를 만나서 다행이었던 것처럼, 바깥세상에 있을 또 다른 누군가도 너를 만나서 다행이라고 여기게 될 거야.

261 훌륭한 코끼리는 후회를 많이 하지. 덕분에 다음 날은 전 날보다 더 나은 코끼리가 될 수 있는 거야. 나도 예전 일들을 수없이 돌이켜 보고는 해. 그러면 후회스러운 일들이 떠오르지.

하지만 말이야, 내가 절대로 후회하지 않는 것들도 있어. 그때 바깥세상으로 나온 것도 후회하지 않는 몇 안 되는 일들 중 하나야.

262 치쿠가 걱정을 시작하면 윔보가 희망적인 얘기를 해 주고, 윔보가 걱정을 시작하면 치쿠가 희망적인 얘기를 해 주었기 때문에 둘은 괜찮을 수 있었다.

263 노든은 악몽을 꿀까 봐 무서워서 잠들지 못하는 날은, 밤

이 더 길어진다고 말하곤 했다. 이후로도 그들에게는 긴 긴밤이 계속되었다.

264 누구든 너를 좋아하게 되면, 네가 누구인지 알아볼 수 있어. 아마 처음에는 호기심으로 너를 관찰하겠지. 하지만 점점 너를 좋아하게 되어서 너를 눈여겨보게 되고, 네가 가까이 있을 때는 어떤 냄새가 나는지 알게 될 거고, 네가 걸을 때는 어떤 소리가 나는지에도 귀 기울이게 될 거야. 그게 바로 너야.

265 하지만 '함께'라는 것이 모든 것을 해결해 주지는 않았다. 세상에는 노든이 어쩔 수 없는 일이 너무도 많았다. 치쿠는 동물원을 벗어나 본 적이 없는 펭귄이었고, 그런 치쿠에게 동물원 밖의 세상은 혹독했다.

266 알 바깥의 세상에서는 살기보다 죽기가 더 쉽다고 했다. 살아남는 게 그렇게 어려운 일인데도 내가 끝까지 살아남아야 하는 이유는 치쿠와 윔보 때문이라고 했다.

267 죽는 것보다 무서운 것도 있어. 이제 나는 뿔이 간질간질할 때 그 기분을 나눌 코뿔소가 없어. 너는 매일 아침 눈

을 뜰 때마다 오늘은 바다를 찾을 수 있을지, 다른 펭귄들은 만날 수 있을지 기대가 되겠지만 나는 그런 기대 없이 매일 아침 눈을 떠.

함께 바다를 향해 나아가던 길에 노든과 어린 펭귄은 밀렵꾼을 만납니다. 노든은 그들에게 복수하려 했지만, 어린 펭귄은 노든을 말립니다. 노든은 어린 펭귄을 위해 복수를 포기합니다. 이어지는 그들의 여정에서, 그들은 동물보호단체 사람들을 만납니다. 그들은 쇠약해진 노든을 초원으로 보내주었고, 어린 펭귄은 다시 바다를 향해 나아갑니다.

이별은 슬프고, 홀로 서기는 두렵지만 서로에게 받은 단단한 마음을 간직한 채, 언젠가는 다시 만나 반드시 서로를 알아볼 것이라고 믿었습니다. 노든은 어린 펭귄에게 이름을 지어주지 않았지만 이름을 부르지 않더라도 우리는 반드시 알아볼 수 있다고 이야기합니다. 그렇게 자신의 길을 나아간 어린 펭귄은 모래언덕 정상에서 바다를 마주합니다. 그토록 간절히 찾고자 했던 푸른 지평선을 만납니다.

268 사막은 모래 속에 숨은 생명들로 가득했다. 살아남은 기

적은 우리에게만 특별하게 일어난 일은 아니었다.

269 나는 절벽 위에서 한참 동안 파란 세상을 내려다보았다. 바다는 너무나 거대했지만, 우리는 너무나 작았다. 바다는 이루 말할 수 없이 아름다웠지만, 우리는 엉망진창이었다.

270 노든은 옛날 기억에 사로잡힐 때마다 앞으로 걷고 또 걸었다. 노든이 할 수 있는 것은 그것밖에 없었다.

271 두려웠다. 하지만 나는 내가 저 바닷물 속으로 곧 들어갈 것을, 모험을 떠나게 될 것을, 홀로 수많은 긴긴밤을 견뎌 내리라는 것을 잘 알고 있다. 그리고 긴긴밤 하늘에 반짝이는 별처럼 빛나는 무언가를 찾을 것이다.

이 작품은 우리가 사랑했던 이들을, 우리가 받아온 사랑을 떠올리게 합니다. 온 마음을 다해 모든 것을 내어줬던 사랑, 온 정성을 쏟으며 함께하고자 했던 온기, 그리고 그들 곁에 의지하며 자신의 단단함과 상처를 모두 마주해야 했던 시간들을요. 그리고 우리가 포기하지 않고 용감히 선택하여 사랑했던 것들과 잃어버린 것들에 마음과 책임을 다할 것을 당부합니다.

우리는 혼자 힘으로는 결코 도착하지 못했을 시간을 살아가고 있습니다. 우리의 마음은, 바다를 찾아주고자 했던 '노든'과 곁에서 위안이 되었던 '어린 펭귄'에 의해 성장하였으니까요. 받은 온기를 잃지 말고 당신의 바다를 향해 나아가기로 해요. 우리는 지금 여기에 살아남은 생명이니까요. 긴긴밤을 이겨내는 누군가의 사랑이 되어주기도 하면서, 긴긴밤에 홀로 놓였을 때 누군가의 연대를 건네받기도 하면서.

루리

대표 작품 「긴긴밤」으로 제21회 문학동네어린이문학상을 받았고 「그들은 결국 브레멘에 가지 못했다」로 제26회 황금도깨비상 그림책 부문에서 수상하였다. 미술 이론을 공부하여, 작품의 그림을 직접 작업하였다.

Q. 사랑이 나를 지켜주었던 경험이 있나요?

#바다 #사랑 #연대 #생명 #긴긴밤 #홀로서기

5-2

함께여야만 볼 수 있는 푸른 풍경

: 버드나무에 부는 바람
케네스 그레이엄

「버드나무에 부는 바람」은 작가 케네스 그레이엄이 시력이 약해 앞을 잘 보지 못하는 아들을 위해 지은 동화입니다. 그래서인지 표현이 생생하며 풍경, 소리, 동작에 대한 서술이 풍부합니다. 또한, 모험을 즐기는 두더지 '모울', 영리하고 친절한 물쥐 '래트', 사고뭉치 두꺼비 '토드', 아이들을 지지해 주는 현명한 오소리 '배저' 네 마리의 동물이 주인공인 우화라는 점이 특이합니다.

땅속에 홀로 살던 두더지는 어느 봄날, 대청소를 하다 밖으로 뛰어나옵니다. 처음으로 가 본 강가에서 만나게 된 물쥐와 친구가 됩니다. 또, 물쥐의 소개로 오소리, 두꺼비와도 친구가 됩니다.

시 읽기와 보트 타기가 취미인 물쥐는 두더지에게 보트 타는 법을 알려주었습니다. 부유하고 변덕스러운 두꺼비는 말썽을 부리고 사고를 쳐서 마을을 시끄럽게 만들었습니다. 오소리는 다른 세 동물에게 늘 지혜로운 조언을 해 주고는 했습니다. 땅속 세상이 전부라고 믿었던 두더지는 모든 것이 신기하고 즐거웠습니다.

그러던 어느 날, 두꺼비는 자동차의 매력에 빠져버립니다. 새로운 것에 쉽게 몰두하는 두꺼비는 운전에 푹 빠져 자주 사고를 내곤합니다. 두꺼비의 안전을 걱정한 다른 동물들은 두꺼비가 방에서 나오지 못하도록 감시합니다.

272 배와 함께 있으면 배를 타고 있든 타고 있지 않든 중요하지 않아. 아무것도 중요하지 않아져. 그게 배의 진정한 매력이야. 어디로 떠나건 말건, 목적지에 도착하든 전혀 다른 곳에 도착하든 항상 바쁘거든. 특별히 뭘 하지 않아도 돼. 할 일이 생겨도 하고 싶으면 하고, 하기 싫으면 언제든 안 해도 돼. 안 하는 편이 훨씬 낫긴 하지.

273 나는 한 배에 오래 머물지 않아. 그러면 마음도 좁아지고 편견도 생기니까.

274 동물들이 함께 걸을 때는 흩어져 걷는 것보다 한 줄로 걷는 것이 현명한 방법이다. 제각각 걸으면 어떤 문제나 위험이 발생해도 서로 도울 수 없기 때문이다.

275 무엇 때문에 다쳤는지는 중요하지 않아. 어쨌든 아픈 건 똑같잖아.

276 나중에 되돌아봤을 때 '그랬더라면 좋았을 텐데.'하고 바라는 일들이야말로 가장 짜릿하고 신나는 모험이다. 그런데 우리에게는 왜 그런 모험이 드문 걸까? 사실로 보기엔 좀 부족한 희망 사항이라도 그것을 훗날 진짜 모험이라고 말할 수 있지 않을까?

277 돌이킬 수 없는 순간이 오기 전에 모험을 해, 부르는 소리를 따라가! 뒤로는 문을 닫고 앞으로 즐거운 걸음을 내딛기만 하면, 너는 옛 삶을 벗어나 새로운 삶을 시작하는 거야.

278 땅속에서는 자기가 어디에 있는지 정확히 알아요. 아무 일도 일어나지 않고 누구한테 공격받지도 않아요. 자기가 완전한 주인이니까 다른 사람과 상의할 필요도 없어요.

남의 말에 신경 쓰지 않아도 되죠. 땅 위에서 무슨 일이 일어나더라도 내버려두고 신경 쓰지 않을 수 있어요. 하지만 땅 위로 올라가면 거기서 기다리고 있는 일들이 있죠.

두꺼비는 물쥐가 망을 보던 날, 결국 감시를 피해 집을 빠져나갑니다. 그리고 주인의 허락도 없이 자동차를 타다 사고가 나버립니다. 두꺼비는 결국 다치고, 경찰에게 잡혀 감옥에 갇히게 되었습니다. 하지만, 두꺼비는 간수의 딸의 도움을 받아 세탁부의 복장으로 위장하고 교도소를 탈출합니다.

우여곡절 끝에 마을로 돌아오지만, 두꺼비의 넓고 커다란 집은 이미 족제비들의 아지트가 되어 있었습니다. 두꺼비의 어려움을 본 두더지, 물쥐, 오소리는 함께 지혜와 힘을 모아 두꺼비가 집을 되찾도록 돕습니다. 두꺼비는 이들의 도움에 결국 한 층 성장하고 변화하게 됩니다. 여전히 말썽을 부렸지만, 자신을 진심으로 걱정해주는 친구들을 보며 자신의 자리를 찾게 됩니다.

279 사실 그들이 그렇게 못된 것만은 아니거든. 모두 각자의 방식으로 살아가는 것뿐이지.

280 왜 하나같이 변화를 원하는 거야? 우리처럼 남아서 조용하고 즐겁게 지내면 안 되나? 떠나 있는 계절 동안 이 호텔이 어떠한지, 남은 우리가 얼마나 재미있게 지내는지 모르고 있을 거잖아. 일 년 내내 신나는 일이 정말 많은데.

281 주위에 보이는 모든 것들이 얼마나 평범한지 알게 되었다. 하지만 그 모든 것들에 얼마나 큰 의미가 있으며 특별한 가치가 있는지도 분명히 알게 되었다.

282 그런데 오늘은 이상하리만치 마음이 꿈틀거려 남쪽을 바라보았다. 길고 낮은 지평선 너머로 보이는 맑은 하늘이 희망으로 가득해 보였다. 오늘만큼은 눈에 보이지 않는 것들이 소중하게 여겨졌다.

283 앞으로 나아가자 양쪽으로 싱그럽고 푸른 새벽 풍경을 보여주는 초원이 나타났다. 장미가 이토록 선명하고, 분홍바늘꽃이 이처럼 풍성하고, 조팝나무의 향기가 이렇게 멀리 퍼지는지 미처 몰랐다. 그때 댐에 가까워지면서 물소리가 울려 퍼졌고 그들은 목적지에 가까웠음을 알았다. 어떤 곳인지 알 수 없지만, 이 여정의 끝에 무언가 기

다리고 있을 터였다.

우리는 인생이라는 긴 여정에서 다양한 사람들과 영향을 주고받으며 나아갑니다. 모험 속에서 새로운 동료를 만나며 나아가는 것처럼요. 우리는 누군가로 인해 행복을 느끼거나, 도움을 받기도 합니다. 가끔은 성의와 친절을 무시당하고, 다른 이에게 상처를 주게 되는 일도 있습니다.

인생에서 우리는 수많은 새로운 사람들을 만나며 살아가게 됩니다. 그 속에서 우리는 조금씩 성장하고 변화합니다. 우리는 지금까지 어떤 사람들을 만나, 어떻게 바뀌어오고 있나요? 그들을 어떤 모습으로 바꿀 수 있었을까요?

동화 속 동물들의 모험은 다양한 이들이 모여 서로에게 배우고 함께 성장하는 모습을 그리고 있습니다. 당신의 추억과 주변을 돌아보는 일이 새로운 응원이 될 수 있을 것입니다. 이 이야기는 우리 모두가 맺어 온 관계에 대한 이야기이자, 더 성장하고 빛날 당신의 삶에 대한 응원입니다.

케네스 그레이엄
(Kenneth Grahame, 1859~1932)

영국 에든버러 출생의 아동 문학가이다. 옥스퍼드에 있는 기숙학교를 다니면서 옥스퍼드 대학으로 진학하기를 원했지만, 집안 형편이 어려워 1879년부터 은행원으로 일해야 했다. 그리고 단조로운 직장생활을 이겨내고자 1890년부터 글을 쓰기 시작하였다.

자신의 어린 시절을 떠올리며 집필한 「황금시대」와 「꿈속의 나날」 등 그의 글은 모두 호평을 받았다. 결혼 후, 약시로 앞을 잘 보지 못하는 아들에게 이야기나 편지로 들려준 동물들의 이야기 「버드나무에 부는 바람」으로 작가로서 그의 명성이 공고해졌다. 이 작품은 동화의 고전으로 인정받는다. 이후, 아들이 스무 살을 앞두고 기차 사고로 세상을 떠난 뒤 작품 활동을 그만둔다.

Q. 소중한 사람을 통해 변화를 겪었던 경험을 떠올려보세요.

#성장 #친구 #변화 #조언 #응원 #깨달음

The wind in the willows

By Kenneth Grahame

5-3

시린 현실을 견뎌내는 작은 온기

: 플랜더스의 개
위다

「플랜더스의 개」는 잘 알려진 고전으로 어린 소년과 개 한 마리의 진실한 우정을 이야기합니다. 둘은 살아온 세월이 같은 동갑내기로 플랜더스 지방의 작은 마을에서 살고 있습니다. 개의 이름은 '파트라슈', 소년의 이름은 '넬로', 넬로의 보호자는 '예한 다스' 할아버지입니다.

넬로와 할아버지는 원래의 주인에게 혹사당해 쓰러져 있던 파트라슈를 발견하고 애정으로 보살폈습니다. 그들의 따스함에 보답이라도 하려는 것처럼, 파트라슈는 이들의 우유 배달을 도우며 함께 살아가게 됩니다.

그들은 가난했지만 서로가 함께했고, 이웃들의 친절

과 도움을 받으며 살아갔습니다. '아로아'라는 소녀가 넬로의 친구가 되어 함께 어울리기도 했지만, 아로아의 아버지는 가난한 넬로와 아로아가 어울리는 것을 좋아하지 않았습니다.

이런 넬로에게는 꿈이 있었는데, 바로 화가가 되는 것이었습니다. 그림을 좋아하는 넬로는 성당에 전시된 17세기 화가 루벤스의 그림을 한 번이라도 보길 원합니다. 하지만 너무 가난했던 넬로는 그림을 감상하기 위한 돈을 지불할 수 없었습니다.

그림을 볼 수는 없었지만 넬로는 꾸준히 자신만의 그림을 그렸습니다. 도시에서 열리는 회화 대회에 출품할 그림을 그리고 있었습니다. 몇 끼를 굶어 그림 도구를 마련하고, 흑백으로만 그림을 그렸습니다. 하지만 넬로의 세계는 점점 좁아져 갑니다. 성장해가는 넬로에 비해 할아버지와 파트라슈는 늙어갔고, 약해져만 갔습니다.

284 두 사람에게 파트라슈는 몸이자 머리고 손과 발이었다. 생명이자 영혼이었다.

285 넬로는 우유를 팔고 잔돈을 걷어 우유 주인에게 전달하

는 일을 성실하게 해냈다. 그런 넬로를 사람들은 누구나 좋아하게 되었다.

286 개를 묶어 일을 시키는 것이 자연의 섭리에 맞지 않는 부끄러운 일이라며 할아버지는 한참을 마다했다.

287 가난해서 돈을 못 낸다는 이유만으로 그림을 볼 수 없다니. 가난한 사람들은 보지 못하게 할 거라는 생각으로 저 그림들을 그리지는 않았을 텐데. 우리가 언제라도 매일 그림을 보길 바랐을 거라고. 그런데도 사람들은 저 아름다운 그림을 천으로 덮어 어둠 속에 가둬버렸어. 부자가 와서 돈을 내지 않으면 빛도 보지 못하고 누구도 볼 수 없도록 말이야.

288 때로는 가난한 사람도 선택할 수 있어. 훌륭한 사람이 되는 길을 선택하면 다른 사람들에게 거부당하지 않을 수 있어.

289 넬로는 순수한 마음으로, 자신이 왕보다도 더 강한 불멸의 힘을 가진 부자라고 생각했다.

290 아니야, 용기를 내. 내가 지금까지 안트베르펜에 이름을 남길 수 있었던 것은 나약한 마음이나 막연한 두려움 때문은 아니었어.

291 네가 영원히 날 사랑하기만 한다면, 그렇게만 한다면 난 위대한 사람이 될 거야.

292 넬로는 종이라는 위대한 흰색 바다 위에 자신을 사로잡은 헤아릴 수 없이 많은 환상 가운데 하나를 옮겨 그렸다.

어느 날, 마을에 큰불이 납니다. 아로아의 아버지는 화재를 넬로의 소행으로 여기고 넬로는 마을 사람들에게 더 이상 환영받을 수 없게 됩니다. 설상가상으로 크리스마스를 며칠 앞둔 어느 날, 할아버지도 세상을 떠납니다. 홀로 남은 넬로는 집세를 지불하지 못해 크리스마스 이브에 집에서 쫓겨나게 됩니다. 마침 그날은 넬로가 출품한 회화 대회의 발표가 있는 날이었습니다.

넬로의 마지막 희망이던 대회의 결과는 좋지 못했습니다. 상심하여 눈보라가 몰아치는 길을 걷던 넬로는 지갑을 하나 발견합니다. 그것이 아로아의 아버지의 것임을 알아챈 넬로는 아로아의 집에 지갑을 돌려주고 파트라슈를 맡깁니다. 모든 것을 잃은 넬로는 한 번이라도 보고 싶었던 루벤스의 그림 앞으로 향하고, 파트라슈도 넬로를 쫓아 뛰쳐나옵니다. 둘은 서로를 끌어안고 온기에 의지한 채 잠들고 다음날인 크리스마스 아침, 함께 얼어 죽은 채로 발견됩니다.

293 아직 열여섯 살이 안 된, 짧은 생애 동안 누구에게나 사랑받고 칭찬받으며 어린 시절을 보낸 아이에게 그 작은 세계 전체가 등을 돌리고 무너지는 일은 너무 혹독한 시련이었다.

294 사람이라면 맛있는 음식과 기분 좋은 온기, 아늑한 잠자리에 잠시 쉬었을지도 모르지만 파트라슈의 우정은 달랐다. 지난날, 한 노인과 어린 아이가 길가 도랑에 쓰러진 자신을 찾아낸 일을 파트라슈는 기억하고 있었다.

295 그는 서서히 다가가 넬로의 얼굴을 쓰다듬었다. '내가 널 배신하고 저버릴 거라고 생각해? 내가 개라서?' 그 어루만짐은 이렇게 말하고 있었다.

296 넬로와 파트라슈에게 죽음은 오래 사는 것보다 자비로운

일이었다. 죽음은 충직한 애정을 지닌 생명과 순수한 믿음을 가진 다른 생명을, 애정이 보답 받지 못하고 믿음이 존재하지 않는 세상으로부터 데려갔다.

이야기는 넬로와 파트라슈의 죽음으로 슬프게 끝이 납니다. 넬로와 파트라슈가 죽고 나서야 아로아의 아버지는 넬로를 입양하고자 하며, 넬로를 가르치겠다는 유명한 화가가 찾아오기도 합니다.

넬로와 파트라슈의 이야기에서, 가장 잘못된 것은 아이와 동물을 내치는 세상과 어른들의 태도입니다. 사람들은 늦어버린 뒤에야 약한 생명들에게 손을 내밀었습니다. 하지만 이렇게 현실의 세상은 환상적인 동화보다는 먹먹한 비극에 가깝습니다.

이들이 혹독한 세상을 견딜 수 있었던 것은 서로가 서로에게 건넨 온기, 순수한 애정이 있었기 때문입니다. 어린 아이와 동물이라는 약한 생명, 그렇기에 이들은 서로에게 가장 순수하고 충실한 애정을 건넬 수 있었습니다. 당신이 약했던 순간, 당신 곁을 지켜주었던 온기는 무엇이었나요. 우리 곁에는 어떤 작은 온기가 머물고 있었나요.

~ 위다 ~

(Ouida, 1839~1908)

본명은 마리아 루이스 드 라 라메(Marie Louise de la Ramee)이다. 영국 서퍽 주에서 프랑스인 아버지와 영국인 어머니 사이에서 태어났다. 필명인 '위다'는 본명의 가운데 이름인 'Louise'를 어린 시절 잘못 발음한 데서 비롯하였다. 아버지의 수입이 일정하지 않아 가난한 집안 살림에 보태기 위해 잡지 등에 글을 써 발표하였다. 그가 스무 살이 된 1860년, 첫 번째 소설인 「포도밭 그랜빌」이 월간지에실렸고, 1867년에 쓴 작품 「두 깃발 아래」는 연극, 영화로 만들어지기도 하였다. 이탈리아 여행 후 피렌체에 정착하여 집필한 「나방」(1880)은 그의 수많은 소설 중 가장 인기가 높은 것으로 평가받는다.

「플랜더스의 개」는 1872년 출간된 청소년 문학으로 19세기의 가장 상상력 풍부한 청소년 문학 중 하나라고 평가받는데, 작가의 아버지에게 들었던 플랜더스 지방의 구전 이야기에서 영감을 받았다고 한다. 그 후 위다는 피렌체로 이주하여 농민과 동물, 어린이에 관한 밝은 작품들을 남겼다.

Q. 견디기 힘든 순간을 마주했을 때에도 끝까지 곁을 지켜주었던 온기는 무엇이었나요?

#우정 #가족 #꿈 #바람 #믿음 #애정

5-4

누군가의 선의, 누군가의 위안

: 키다리 아저씨
진 웹스터

주인공은 '제류샤 애벗'이라는 소녀입니다. 아이의 애칭은 '주디'로 고아원에 살고 있었습니다. 고아원 아이들 중에서도 특히 글쓰기에 재능을 보인 주디는 재능을 인정받아 한 부유한 후원자에게 후원을 받게 됩니다. 대학 등록금과 생활비를 후원받으며 주디는 대학에 다니게 되었고, 주기적으로 후원자에게 편지를 씁니다. 후원 상황과 학업 상태, 필요한 지원에 대한 확인이 필요했기 때문이었지요.

후원자는 자신을 '존 스미스'라고 불러 달라고 하지만 주디는 키가 크고 팔다리가 긴 그의 뒷모습을 떠올리며 '키다리 아저씨'라는 별명을 지어 부릅니다. 소설은 대학에서 주디가 겪은 일들을 키다리 아저씨에게 알리는 편지로 엮여 있습니다.

주디는 꾸준히 편지를 보냈지만 키다리 아저씨는 한 번도 답장을 주지 않았습니다. 필요한 말이 있다면 비서를 통해 짤막한 메모를 전할 뿐이었습니다. 주디는 키다리 아저씨가 편지를 읽고는 있는지 의심하기도 했지만, 주디가 편지에 필요하거나 갖고 싶다고 적은 물건들이 선물로 오는 것을 보고 그가 편지를 읽고 있음을 확신합니다.

또, 주디는 후원에만 의존하지 않고 작가라는 자신의 꿈을 키우며 홀로 살아갈 미래를 준비합니다. 필요 이상의 요구는 거절하고, 후원을 받는 입장에서도 부당한 요구는 거절할 줄 알았습니다. 현명한 태도로 후원자를 대하며 주디는 편지를 통해 자신의 외로움과 과거를 치유해가고 성장해갑니다.

297 너는 작가가 되지 않아도, 배우가 되지 않아도, 그저 너이기에 사랑스럽고 완전한 존재란다. 다른 무엇이 되려고 애쓰지 않아도 좋아. 너는 그저 너, 너다운 너이기만 하면 된단다.

298 저는 정말 혼자에요. 벽을 등진 채 세상과 싸워야 하는 외톨이일 뿐이라고요. 그런 생각을 하면 숨이 막혀요. 혼자라는 생각을 마음에서 지워버리고 그렇지 않은 척해요.

299 아저씨도 제 고아원 기록을 봐서 아시겠지만, 전 완벽한 아이가 아니랍니다. 아저씨도 그렇지 않나요?

300 소설을 쓰며 사는 삶보다 소설처럼 살아가는 삶이 훨씬 더 재미있을 거예요.

301 저는 매 순간 제가 행복하다는 사실을 온전히 느껴요. 아무리 속상한 일이 생겨도 그 사실을 잊지 않을 거예요.

302 좋은 성격은 추위나 서리에 상처받으면 풀이 죽기도 하지만 따뜻한 햇살을 만나면 쑥쑥 자랄 수 있어요. 그건 누구나 마찬가지일 거예요. 저는 역경과 슬픔과 좌절이 정신을 강하게 한다는 의견에 반대해요. 자신이 행복해야 비로소 상대에게도 친절을 베풀 수 있는 법이에요.

303 저는 인간에게 가장 필요한 자질은 상상력이라고 생각합니다. 상상력이 있어야 타인을 이해할 수 있고, 그래야 친

절할 수도, 남을 이해할 수도, 또 동정할 수도 있으니까요.

304 의무감이란 불쾌하고 혐오스러운 단어예요. 아이들은 무슨 일이든 자신이 좋아해서 해야 한다고요.

305 자신에게 찾아오는 기회를 붙잡을 의지만 있다면 세상은 행복으로 가득 차 있고, 가볼 곳도 많아요. 비법은 바로 유연한 마음이에요.

306 정말 소중한 것은 커다란 기쁨이 아니에요. 사소한 곳에서 얻는 기쁨이 더 중요해요.

307 사람이란 한 번도 가져보지 못한 것에는 아쉬움을 느끼지 못하지만, 그것이 마땅히 내가 가져야 할 것이라고 생각한 다음에는 그것 없이 지내기가 무척 힘든 법이에요.

결국 주디는 키다리 아저씨의 정체를 알게 됩니다. 주디는 키다리 아저씨를 만난 적이 없다고 생각했지만, 키다리 아저씨는 친구의 삼촌이었고 주디와 가깝게 지내던 이였습니다. 친구와 함께 그를 만나 종종 같이 놀기도 했고 방학에는 함께 농장에서 시간을 보낸 적도 있었습니다. 소설은 둘의 로맨스로 결말을 맺습니다.

후속작에서는 이들의 생활을 다루고 있는데, 주디는 이전부터 꿈꾸던 고아원 후원 사업을 담당하여 직접 고아원 경영에 참여하며 주체적으로 행복한 삶을 꾸려 나갑니다.

308 큰 시련이 닥쳤을 때만 인격이 필요한 게 아니에요. 위기에 대처하거나, 치명적인 비극에 맞서는 건 누구나 할 수 있지만, 그날그날의 사소한 불운들을 웃음으로 넘기는 일은 '정신력'이 없으면 불가능한 일이에요. 제가 키워나가야 할 게 바로 이런 종류의 인격이에요.

309 저는 인생을 요령 있고 공정하게 헤쳐 나가야 하는 놀이처럼 생각할 거예요. 놀이에서 지더라도 그냥 어깨를 으쓱하며 웃어넘길 거예요. 이겨도 마찬가지고요.

310 저는 행복의 참된 비법을 찾았어요. 바로 '현재'를 사는 거예요. 한없이 과거를 후회하는 것도 아니고 미래만 꿈꾸는 것도 아니에요. 바로 지금 이 순간을 즐기는 것, 그것이 행복의 지름길이에요.

311 사람들은 대부분 인생을 산다기보다는 경주하고 있는 거예요. 지평선 멀리에 있는 목표에 도달하려고 애를 쓰죠. 헉헉대며 달려가느라 아름답고 평화로운 풍경에는 눈길 한번 못주고 말이에요. 그러다 문득, 자신이 늙고 지쳤으며 목표에 도달하는지 안 하는지는 그리 중요한 일이 아니라는 사실을 깨닫게 돼요.

주디의 삶은 한 사람의 도움에 의해 더 크고 넓어졌습니다. 주디의 키다리 아저씨는 주디의 재능을 알아보고 용기를 주었습니다.

재능은 그것을 갖고 태어나 노력하기도 어렵지만, 그만큼 발견하기 어려운 법입니다. 그런 재능을 알아보는 누군가의 존재는 아이의 성장에 큰 역할을 했습니다. 그 후에도 경제적으로, 또 정신적으로 후원자이자 보호자가 되어 주디의 삶을 지탱합니다.

우리의 삶은 이렇게 한 사람이 내민 관심에 의해 바뀌고 더 나은 방향으로 나아가기도 합니다. 당신은 어떤 도움과 선의를 받으며 지금까지 성장하였고, 삶을 꾸려 왔나요?

당신이 받아온 격려를 잊지 않고, 또 다른 누군가의

삶을 알아보고 도움을 건넬 수 있는 따뜻한 사람이 될 수 있기를. 한 사람이 또 한 사람의, 또 그가 다른 누군가의 생을 격려하며 우리는 위안을 얻고 스스로 삶을 헤쳐 갈 수 있는 용기 있는 사람으로 성장하는 법이니까요.

ᘓ 진 웹스터 ᘓ

(Jean Webster, 1876~1916)

미국의 소설가이다. 뉴욕 출생이며 배서(VASSER)여자대학교에서 영문학과 경제학을 전공하였다. 그의 아버지는 「톰 소여의 모험」을 집필한 마크 트웨인과 동업자였고, 어머니는 마크 트웨인의 조카딸이었다. 풍요로운 가정에서 태어나 좋은 교육을 받았고 교도소, 고아원의 복지 개선에 힘썼다.

한편으로는 여성참정권을 주장하기도 하였으며, 당시 상류층 여성으로서는 드물게 작가라는 직업으로 직접 돈을 벌었다. 사실적이면서도 유쾌한 그의 대표적인 작품은 「패티, 대학에 가다」(1903), 「키다리 아저씨」(1912), 「속(續) 키다리 아저씨」(1915) 등이다. 그는 결혼 1년 만인 마흔에 딸을 낳고 바로 다음 날 숨을 거둔다.

Q. 주위에 도움의 손길을 내밀었던 기억이 있나요?

#꿈 #후원 #후원자 #지지자 #편지 #위안

Daddy Long legs

By Jean Webster

5-5

따뜻함이 만드는 변화

: 폴리애나
엘리너 H. 포터

가난한 목사의 어린 딸, '폴리애나'는 어머니와 아버지를 차례로 잃고 이모 해링턴에게 맡겨져 살게 됩니다. 해링턴 이모는 신중한 완벽주의자로 감정을 잘 드러내지 않는 사람이었는데, 가족들이 떠난 대저택을 홀로 지키며 조용히 살아가고 있었습니다. 조용한 삶에 찾아온 갑작스러운 변화였지만 해링턴은 사랑했던 언니의 딸 폴리애나에게 보호자로서 책임을 다하려고 합니다.

하지만 오래도록 감정이 메마른 채로 지내왔기 때문에 폴리애나에게 자신도 모르게 거리를 두게 됩니다. 이모로서 최소한의 책임만 다하면 된다고 생각한 해링턴과 달리 폴리애나는 해링턴의 선을 넘어 친밀한 관계를 갖고자 합니다. 해링턴의 집에서 일하는 하녀 낸시는 고

지식한 이모와 살게된 폴리애나를 가엾게 여기며 그들 사이에서 중재하는 역할을 해냅니다.

폴리애나는 아버지에게 긍정적인 사고를 배운 아이였습니다. 자신에게 닥친 고리타분하고 단조로운 생활을 싫어하면서도 긍정적인 마음으로 잘 적응합니다. 특히, 자신만의 '기쁨 놀이'를 하면서요.

기쁨 놀이는 모든 것에서 기쁜 이유를 찾아내는 놀이입니다. 아쉽거나 불편한 상황까지 기쁨으로 바꿔버리는 폴리애나의 '기쁨 놀이'는 병을 앓고 있던 마을의 부인, 바깥과 단절된 삶을 살아가던 쓸쓸한 이, 떠돌이 개와 고양이, 지쳐가는 목사님 등 많은 사람들에게 행복과 기쁨을 알려줍니다. 자신의 삶에서 스스로 행복을 찾고 살아갈 수 있는 힘을 일깨워줍니다.

312 언제 어디서나, 무슨 일에서든 기쁜 점을 찾아내는 놀이예요!

313 스노 부인은 지금까지 40년을 살아오면서 15년을 이랬으면 좋겠다, 저랬으면 좋겠다, 바라기만 하느라 있는 그대로의 삶을 즐긴 시간은 많지 않았다.

314 제가 말하는 살아 있는 건, 자기가 하고 싶은 일을 하는 거예요. 밖에서 놀고, 책을 읽고, 물론 혼자서 일도 하고, 또 언덕을 오르고, 정원에서 톰 할아버지랑 얘기하고, 낸시 언니랑도 얘기하고, 어제 지나온 멋진 거리를 다니면서 어떤 집이 있고 어떤 사람들이 사는지 그런 걸 모두 알아보는 거라고요. 저는 그런 게 사는 거라고 생각해요. 그냥 숨만 쉬는 건 사는 게 아니라고요.

315 확실한 건, 오겠지 싶은 물건은 절대 오지 않는다는 거예요. 그렇다고 안 오겠지 생각한다고 해서 오는 것도 아니고요.

316 기쁜 점을 찾다 보면 그 습관이 몸에 배거든요. 그리고 무슨 일이든 계속 찾아보기만 하면 거의 언제나 기뻐할 점을 찾을 수 있어요.

그런데 어느 날, 폴리애나는 자동차 사고를 당하게 됩니다. 폴리애나는 다리를 다쳐 걸을 수 없게 되고 그 소식을 들은 마을 사람들이 해링턴의 집을 찾아옵니다. 폴리애나가 삶에 변화를 안겨준 그들이 찾아와 폴리애나를 걱정하고 해링턴에게 그의 선한 마음과 영향력에 대해 이야기합니다.

고지식한 이모는 여러 사람의 말을 들으며 폴리애나에게 마음을 열게 됩니다. 다리를 다쳐 낙담했던 폴리애나에게, 그동안 그녀에게 삶의 기쁨을 배운 마을 사람들이 날마다 찾아와 그에게 새로운 기쁨이 되어줍니다. 폴리애나가 건넸던 기쁨이 다시 그녀에게 되돌아 온 것입니다. 폴리애나는 특유의 긍정적인 사고와 강한 마음으로 사고의 충격도 금세 이겨낼 수 있게 됩니다.

317 사람들에게 필요한 것은 격려이다.

318 남을 돕고자 하는 아름답고 밝은 성품은 전염성이 강해서 마을 전체를 크게 변화시킬 수도 있다. 사람의 머릿속에 든 생각과 가슴속에 든 감정은 밖으로 퍼져나간다. 누군가 친절하고 자상한 마음을 가지면 주변 사람들도 금방 똑같은 마음이 된다. 하지만 누군가 얼굴을 찡그리며 야단치고 흠잡으면 주변 사람들도 똑같이 찡그린 얼굴로, 심지어 이자까지 쳐서 되갚는다.

319 당연한 일처럼 나쁜 점만 보려 하면 나쁜 점만 눈에 보인다. 좋은 점이 보일 것이라고 믿으면 좋은 점이 보인다.

320 **일주일 중에 월요일 아침이 가장 기쁘겠네요. 다시 월요일 아침이 오려면 아직 일주일이나 남았으니까요**

폴리애나는 한 사람의 강한 선의와 마음이 마을 전체를 변화시킬 수 있음을 보여줍니다. 외롭고 쓸쓸하던 곳도 폴리애나가 지나가며 기쁨 놀이를 알려주자 점차 밝고 생기 어리기 시작합니다. 한 사람이 건넬 수 있는 선의는 작지만 이 선의로 인해 일어나는 변화는 굉장히 큽니다. 이는 나쁜 마음도 마찬가지여서, 한 사람의 좋은 마음과 나쁜 마음은 공동체 전체의 분위기를 좌우하기도 합니다.

한 사람의 미약한 힘을 무시하지 않고, 누군가 건네는 친절에 보답해 주세요. 우리의 삶은 정신없이 바빠 그 속에서 누군가 베푼 친절마저 기억하기는 쉬운 일이 아닐 겁니다. 하지만, 그렇게 받아들인 친절은 삶 속의 작은 여유가 되어 당신에게 깃들 것입니다.

엘리너 H. 포터

(Eleanor Hodgman Porter, 1868~1920)

병약한 어린 시절을 보낸 뒤 보스턴 음악 학교에서 음악을 배웠다. 1892년에 결혼하여 매사추세츠 주로 이주 후 단편 소설을 출판하기 시작하였다. 주로 아동 문학, 모험 이야기, 로맨스 소설을 집필하였다. 그의 대표 작품 「폴리애나(Pollyanna)」(1913)는 독자들에게 큰 호응을 얻어 1913년 미국에서 가장 많이 팔린 여덟 번째 소설이었다. 그 뒤로 여러 차례 영화화되었고 애니메이션, 연극 등으로 재창작되며 많은 사람들에게 사랑받는 작품이다. 더불어, 책의 제목인 'Pollyanna'는 지나친 낙천주의자를 뜻하는 명사로 사용되기도 한다.

Q. 나의 긍정적인 에너지나 작은 선의로 누군가를 변화시킨 경험이 있나요?

#기쁨놀이 #긍정 #작은선의 #변화

Pollyanna

By Eleanor Hodgman Porter

지친 너에게 권하는 동화 속 명언 320가지

어쩌면 동화는 어른을 위한 것

초판 1쇄 발행 2021년 11월 10일
3쇄 발행 2023년 11월 1일

지은이 | **이서희**
기획 편집 총괄 | **호혜정**
편집 | **김가영**
기획 | **김경민 김민아**
표지·본문 디자인 | **이선영**
일러스트레이션 | **김경민**
교정교열 | **호혜정 오하은**
마케팅 | **이지영 최미남**
펴낸곳 | **리텍 콘텐츠**
주소 | **서울시 용산구 원효로 162 세원빌딩 606호**
전화 | 02-2051-0311 팩스 | 02-6280-0371
이 메 일 | ritec1@naver.com
홈페이지 | http://www.ritec.co.kr
페이스북 | 블로그 | 카카오스토리채널 | **[책속의 처세]**
ISBN | 979-11-86151-48-8 (03190)